C·H·Beck
PAPERBACK

«Jahrhundertdürre in Australien», «Die Flüsse trocknen aus», «Die Grundwasservorräte schwinden»: Eine Ära weltumspannender Wasserknappheit scheint angebrochen zu sein. Wasserkrisen gehören mittlerweile zu den größten globalen Risiken für Wirtschaft und Gesellschaft, Zusammenhänge mit Nahrungsmittelknappheit und mangelnder Anpassung an den Klimawandel sind offenkundig.

Der Autor, Experte des weltweit renommierten Potsdam-Instituts für Klimafolgenforschung (PIK), analysiert die globale Wasserkrise vor dem Hintergrund des Klimawandels und einer weiter steigenden Nachfrage nach Lebensmitteln. Er zeigt, dass Wasserknappheit selten die unabwendbare Folge schwindender Wasservorräte ist, sondern immer auch das Resultat der (unverhältnismäßig hohen) Nachfrage durch den Menschen. Von Anbeginn an hat die Menschheit einen überwältigenden Erfindungsreichtum an den Tag gelegt, Wasser zu bewirtschaften und aus immer ferneren Gegenden heranzuziehen. Heute benötigen wir ein neues Wasserethos: Es respektiert die durch lokale und planetare Umweltbedingungen gesetzten Grenzen und überführt die Gewässerökosysteme wieder in einen intakten Zustand. Es umfasst darüber hinaus den gerechten Zugang aller Menschen zu sauberem Wasser, arbeitet also auch an der Abschaffung der globalen Wasserverteilungs- und Wasserqualitätskrise.

Prof. Dr. *Dieter Gerten* ist Koordinator für Erdmodellierung am Potsdam-Institut für Klimafolgenforschung und Professor für Klimasystem und Wasserhaushalt im Globalen Wandel an der Humboldt-Universität zu Berlin.

Dieter Gerten

WASSER

Knappheit, Klimawandel,
Welternährung

C.H.Beck

Mit 10 Abbildungen und 2 Tabellen

Die erste Auflage dieses Buches erschien 2018.

Originalausgabe

2. Auflage in C.H.Beck Paperback. 2020
© Verlag C.H.Beck oHG, München 2018
Satz: C.H.Beck.Media.Solutions, Nördlingen
Druck und Bindung: Druckerei C.H.Beck, Nördlingen
Umschlaggestaltung: Geviert, Grafik & Typografie, Andrea Janas
Umschlagabbildung: © Gary Smith 2017
ISBN 978 3 406 68133 2
Printed in Germany

www.chbeck.de

Wo aber Gefahr ist, wächst
das Rettende auch.
Friedrich Hölderlin

Inhalt

Einleitung

Im Jahre 1957 stellte ein Buch des Umweltjournalisten Alfred Karbe die etwas zynische Mutmaßung an, dass «die Menschheit seit Jahrtausenden erfolgreich bemüht ist, den Segen des Wassers in eine tödliche Gefahr zu verwandeln».[1] Noch vor Rachel Carsons Bestseller *Der stumme Frühling*, der eine Initialzündung für das moderne Umweltbewusstsein darstellt, zählte der Autor zu dieser Gefahr die hochgradige Verschmutzung von Flüssen, Seen und Grundwasserkörpern sowie das Versiegen von Quellen und Flussläufen. All dies wird in einem unterschwellig apokalyptischen Tonfall geschildert, wie es andere ökologisch versierte Warner jener Zeit auch taten.[2] Als wichtigste Ursachen dieser Entwicklungen benannte Karbe die Begradigung von Flüssen, den Austrag von Schadstoffen aus Industrieanlagen und gedüngten Ackerflächen sowie großflächige Entwaldungen und Moorentwässerungen. Selbst eine durch zunehmende Industrialisierung erklärte langsame Erwärmung der Erde und ihre Begleiterscheinungen wie veränderte Niederschlagsmuster, Gletscherschmelze und Meeresspiegelanstieg zog er bereits in Betracht.

Die weltweiten Wasserprobleme und ihre Ursachen klingen 60 Jahre nach ihrer Niederschrift erstaunlich aktuell, obwohl schon damals Lösungen vorgeschlagen wurden, wie sich die Menschheit aus der angespannten Situation wieder herausmanövrieren könnte. In einer eigentümlichen Mischung aus Technologiekritik und Vertrauen in Ingenieurskünste diskutierte Karbe geplante bzw. begonnene Großprojekte als Rettungsstrategien. Diese umfassen den Ausbau von Talsperren zur

Minderung von Hochwasserspitzen und zur Trinkwasser- und Energiegewinnung, die vor allem in Asien avisierte großräumige Bewässerungslandwirtschaft zur Urbarmachung von Trockenregionen, die Umleitung von Flüssen über große Distanzen und sogar die Manipulation von Wolkenbildung und Meeresströmungen. Am Rande kommen auch weniger groß gedachte, dezentrale Methoden wie die Restauration antiker Brunnen zur Sprache. Im Übrigen, so der Ausblick, könne ohne eine «Renaissance der Wasserwirtschaft» der Hunger der täglich wachsenden Weltbevölkerung (Ende der 1950er Jahre noch kaum drei Milliarden!) nach Energie und Lebensmitteln nicht gestillt werden, sofern nicht etwa Algen und Seetang als Nahrungsmittel Abhilfe schafften.

Nicht alle damaligen Ideen sind umgesetzt worden, aber insbesondere die später unter der Etikette «Grüne Revolution» zusammengefassten Maßnahmen – darunter die erhebliche Ausweitung der künstlichen Bewässerung – haben entscheidend zu ihrem erklärten Ziel der Steigerung der Agrarproduktion beigetragen. Trotzdem ist in der Folgezeit die Liste der Missstände im Wassersektor nicht kürzer geworden; quantitativ haben die Wasserprobleme in vielen Regionen sogar noch drastisch zugenommen. Nach Jahrzehnten der Euphorie hat sich Katzenjammer breitgemacht, eine Ära weltumspannender Wasserknappheit scheint spätestens zur Jahrtausendwende angebrochen zu sein. Seit mehreren Jahren werden Wasserkrisen als eines der größten globalen Risiken für Wirtschaft und Gesellschaft gelistet, Zusammenhänge mit Nahrungsmittelknappheit und mangelnder Anpassung an den Klimawandel sind offenkundig.[3] Gleichzeitig prophezeit ein Weltwasserbericht der Vereinten Nationen, dass der globale Bedarf an Wasser bis 2050 voraussichtlich um mehr als die Hälfte ansteigen wird, so dass dann über 40% der Weltbevölkerung in Gebieten mit hohem Wasserstress leben werden, was tiefgreifende Änderungen bei der Nutzung, Verwaltung und Aufteilung des Wassers erforderlich mache.[4] Hinzu kommt das Dilemma, dass zur Versorgung der vor allem in Asien und Afrika weiter wachsenden Bevölkerung zukünftig noch mehr Nahrungsmittel produziert werden müssen, die Landwirtschaft aber wegen der bereits bestehenden Wasserengpässe, der notwendigen Restoration von Gewässerökosystemen und der zunehmenden Konkurrenz mit anderen Sektoren mit weniger Wasser auskommen muss.[5] Paradoxerweise ist die dramatische Entwicklung der Weltwassersituation nicht zuletzt eine Folge eben jener Maßnahmen, die vor Jahrzehnten als Teil der Lösung gehandelt wurden: Das auf Grund gelaufene Schiff dort, wo noch vor nicht allzu langer Zeit der Aralsee als größtes innerasiatisches Binnengewässer die Landschaft und die heimische Bevölkerung bereicherte sowie – vorübergehend – den Baumwollexport florieren ließ, ist eines jener ikonischen Bilder, die uns die fatalen Auswirkungen übermäßiger Wasserentnahme und kurzsichtiger Planung vor Augen führen. Karbes unentschlossene Haltung gegenüber manchen Aspekten der erhofften wasserwirtschaftlichen Renaissance nimmt somit die Ambivalenz großräumiger menschlicher Eingriffe in den natürlichen Landschaftswasserhaushalt vorweg.

Schlagzeilen der letzten Jahre wie «Jahrhundertdürre in Australien», «Mexiko-Stadt trocknet aus» oder «Grundwasservorräte schwinden dahin» versinnbildlichen, dass mannigfaltige Wasserprobleme für Mensch und Natur also nach wie vor virulent sind und wir uns bezüglich unserer Umgangsformen mit diesem so lebensnotwendigen wie kulturell bedeutungsvollen Element auf einem ganz und gar nicht nachhaltigen Kurs befinden. Das oft gezeichnete Panorama einer «globalen Wasserkrise» verheißt darüber hinaus nichts Gutes für die Zukunft – sofern nicht ein tiefreichender Wandel im Umgang mit den begrenzten Süßwasservorräten unseres Heimatplaneten eingeleitet wird, der die Krise als Chance zu einer Neubewertung des Wassers begreift.

Zwar sind inzwischen viele Wasserkrisen als «Managementkrisen» verschiedenster Couleur entlarvt, denen man mit dem Einsatz effizienterer Technologien, einer besseren Regulierung der Wasserzuteilung sowie finanziellen Anreizen zu sparsamerem Wassereinsatz begegnen könnte. Doch die Verantwortung liegt nicht allein bei Wasserbauingenieuren, Wasserbehörden oder Landwirten. Viele der Probleme haben ihre Ursache in gesamtgesellschaftlichen Entwicklungen und Einstellungen außerhalb des eigentlichen Wassersektors. Dazu gehört zum einen der menschgemachte (anthropogene) Klimawandel, der in vielen Regionen der Erde die Wasserverfügbarkeit erheblich beeinträchtigen wird – je nachdem, wie hoch die globale Mitteltemperatur tatsächlich steigen wird. Jedes weitere Jahr, das ohne erkennbare globale Emissionsminderungen von Treibhausgasen vergeht, erhöht somit die Wahrscheinlichkeit, dass kommende Generationen mit mehr chronischen oder akuten Verknappungen bzw. zunehmenden Unwägbarkeiten des Wasserdargebots und, als eine Folge, mit Ernteeinbußen werden umgehen müssen. Zum anderen sind ganz persönliche Konsumgewohnheiten und Verhaltensmuster auch ohne den «Umweg» über das Klimasystem entscheidend. Jüngste Forschungen zum «Wasserfußabdruck» von Ländern, Betrieben und Einzelpersonen oder auch zum zwiespältigen Verhältnis zwischen Wassernutzung und Religion fördern Erhellendes zu den realen und symbolischen Beziehungen der Menschheit zum Wasser zutage. Die Summe solcher Befunde legt nahe, dass der Umgang mit Wasser in den verschiedenen Kulturkreisen konsequenter aufgearbeitet, hinterfragt und verbessert werden muss.

Die schier unzähligen Facetten von Wasserknappheit, Wasserverschmutzung und Wassermanagement, denen man bei

einer Rundreise zu den entsprechenden Brennpunkten begegnet, sind in anderen, eher journalistischen Büchern und auch in
Filmen anschaulich dokumentiert worden. Beispiele für die
Verwobenheit von Zivilisationen mit ihren Wasserlandschaf-
ten finden sich auch in verschiedenen «Flussbiografien».[6] Solche Betrachtungen liefern sehr wertvolle Einsichten in die
spezifischen Problemfelder, Einzelschicksale und Zusammenhänge in unterschiedlichen Regionen. Jedoch fehlt ihnen in der
Regel eine konsequente quantitative Darstellung der globalen
Situation. Das vorliegende Buch verfolgt eine solche Systema-
tik nach dem neuesten wissenschaftlichen Kenntnisstand, freilich mit Beispielen aus konkreten Regionen und mit stetem
Verweis auf die fundamentale Bedeutung des Wassers für die
menschliche Zivilisation. Dabei konzentriere ich mich auf den
Zusammenhang zwischen Wasser, Klimawandel (dem bedeu-
tendsten Einfluss auf die Wasserverfügbarkeit) und Landwirtschaft (dem nach wie vor größten Wasserverbraucher). Weitere
wichtige Themen wie Wasserverschmutzung, Wasserprivatisie-
rung und Hochwasser unterstreiche ich an geeigneter Stelle,
kann sie aber hier nicht erschöpfend behandeln.

Die globale Perspektive ist inzwischen unumgänglich, denn
wie uns der zur Jahrtausendwende geprägte und nun weithin
verwendete Begriff «Anthropozän» vergegenwärtigt, ist ein
buchstäblich neues, wesentlich vom Menschen geprägtes Erdzeitalter angebrochen:[7] Formende Eigenschaften dieser unserer Epoche sind unter anderem die hohe und noch zunehmende Weltbevölkerung, die rasant steigende Nachfrage nach
Wasser, Materialien und Nahrungsmitteln, gravierende Land-
schaftsänderungen, die Ausbeutung natürlicher Ressourcen,
der selbstverschuldete globale Klimawandel sowie vielfältige
Formen der Umweltverschmutzung. Vor diesem Hintergrund
stellen sich aus Wassersicht einige Fragen, denen dieses Buch
besondere Aufmerksamkeit widmet: Steuern wir auf eine «glo-

bale Wasserkrise» zu, oder befinden wir uns bereits mitten
darin? Welchen Einfluss hat der globale Klimawandel auf die
Süßwasserressourcen und ihre räumliche Verteilung? Ist trotz
vermeintlich knapper werdendem Wasser (und auch Land)
eine ausreichende Ernährung der weiter steigenden Weltbevölkerung möglich? Was sind einerseits die Grenzen, andererseits
die Chancen einer effektiveren und nachhaltigeren Wassernutzung in der Landwirtschaft? Und wohin mag der gegenwärtige
Paradigmenwandel in Wasserforschung und -praxis führen,
dessen Weg durch wirkmächtige neue Begrifflichkeiten wie
«grünes Wasser», «virtueller Wasserhandel», «weiches Wassermanagement» oder «Soziohydrologie» geebnet wird?

Alle diese Fragen drehen sich um zwei unverrückbare Tatsachen: Die nachhaltig erschließbaren, überlebensnotwendigen
Süßwasserressourcen der Erde sind begrenzt, und sie sind sehr
ungleich in Raum und Zeit verteilt. Das Auffinden, die Nutzbarmachung und die Kultivierung des Wassers waren deshalb
von jeher eine zivilisatorische Notwendigkeit. Aus immer größeren Tiefen und immer weiterer Ferne wird bislang unbe-
rührtes Wasser herangezogen, um den stets größer werdenden
Durst der Menschheit zu stillen. Auch der moderne Mensch
wird sich von der essentiellen, gegenseitigen «Bedingtheit von
Wasservorkommen und menschlichem Leben»[8] nicht befreien
können. Umso dringender ist es nun, diese Beziehung gründ-
lich zu überdenken und die immer noch weit verbreitete An-
sicht, Wasser sei bloß eine ausbeutbare Ressource, als langwei-
lig und destruktiv zu enttarnen.

Mein Dank gilt allen Kollegen, Freunden, Bekannten und
Verwandten, die entweder schon immer oder noch nie von der
Relevanz der Wasserfrage überzeugt waren: Sie alle haben zur
Schärfung des Buches beigetragen. Andreas Diesel sei gedankt
für den täglichen Fluss und den Mitarbeitern des Verlags
C.H.Beck für ihre Hilfe und Geduld.

1 Die Vielfalt der weltweiten Wasservorkommen

1.1 Niederschlag über Land – vitale Quelle für Mensch und Natur

«Wasser tritt aus der Erde als Quelle, bewegt sich als Fluß, steht als See, ist in ewiger Ruhe und endloser Bewegtheit das Meer. Es verwandelt sich zu Eis oder zu Dampf; es bewegt sich aufwärts durch Verdunstung und abwärts als Regen, Schnee oder Hagel, es fliegt als Wolke. Es ist der Samen, der die Erde befruchtet. [...] Es ängstigt, bedroht, verletzt und zerstört den Menschen und seine Einrichtungen durch Überschwemmungen, Sturmfluten, Hagelschlag. [...] So enthält das Wasser den Tod und gebiert alles Leben.»[9] Stets hat diese enorme Erscheinungsvielfalt des Wassers, haben sein Kreislauf und seine ambivalente Kraft die Menschen beeindruckt, ihr Handeln geprägt und ganze Gesellschaften in ihrer Entwicklung beeinflusst. Bis heute entscheiden die räumliche und zeitliche Verteilung des Wassers, sein Aggregatzustand, sein Reinheitsgrad und der Zugang zu verlässlich sprudelnden, sauberen Quellen über Gesundheit, Wohlstand, Macht, Leben und Tod.

Wie aber kann es sein, dass auf einem Planeten, der die enorme Menge von 1,39 Milliarden Kubikkilometern Wasser beherbergt, und dessen Fläche zu über 70% mit Wasser bedeckt ist, überhaupt von Wassermangel die Rede ist? Die Antwort ist einfach. Fast alles Wasser der Erde ist Salzwasser, das sich vorwiegend in den seit über vier Milliarden Jahren existierenden Ozeanen, zu einem ganz geringen Teil aber auch im

Grundwasser und in Salzseen befindet. Von dem verbleiben-
den Anteil des Süßwassers am Gesamtvolumen (2,5 %) ist wiederum die größte Menge wegen ihres Aggregatzustands oder
ihrer Lage unerreichbar: Drei Viertel sind als Eis und Schnee
gebunden (vor allem in der Antarktis und in Grönland), und
weitere 24,7 % sind seit Jahrtausenden, wenn nicht Jahrmillionen als fossiles Grundwasser in tiefen Gesteinsschichten einge-
schlossen. Somit verbleiben gerade einmal 0,3 % des weltweiten Süßwasservorkommens in Flüssen, Feuchtgebieten, Seen,
Böden und der Atmosphäre.[10]

Dieses Wasser wird permanent in regionalen und globalen
Kreisläufen in Bewegung gehalten. Während ein Abzweig des
aus den Ozeanen verdunstenden Wassers – um die 45 000 Kubikkilometer pro Jahr (km³/a) – zu den Kontinenten gelangt
und dort früher oder später abregnet, zirkuliert zusätzlich fast
doppelt so viel Wasser ausschließlich in und über der Landoberfläche: Es verdunstet aus offenen Gewässern, aus dem
Boden sowie durch Bäume, Sträucher und Gräser, bildet so-
dann in höheren Luftschichten Wolken und geht irgendwo er-
neut als Regen oder Schnee nieder. Die globale Bilanz wird ge-
schlossen, indem von den rund 120 000 km³ Niederschlag, die
im Jahresdurchschnitt auf die Landoberfläche fallen,[11] besagte
45 000 km³ wieder in die Ozeane abfließen.

Doch das sind globale Summen und langjährige Durch-
schnittswerte. Sie sagen kaum etwas darüber aus, wie sich die
Wassersituation an bestimmten Orten und zu bestimmten Zeiten verhält. Von Tag zu Tag, von Jahr zu Jahr wechselt nämlich
die Erde ihr Wasserantlitz, wehen die Winde in verschiedene
Richtungen, fällt der Niederschlag in anderen Gegenden, rü-
cken Schnee und Eis vor oder ziehen sich zurück. Die räumliche Verteilung der Hoch- und Tiefdruckgebiete und der daran
gekoppelten Windzonen diktiert die ausgesprochen ungleiche
Verteilung des Niederschlags. In den südasiatischen Monsun-

gebieten und den immerfeuchten inneren Tropen entlang des Äquators, wo die aus dem sich nördlich und südlich anschließenden subtropischen Hochdruckgürtel zusammenströmenden Passatwinde regelmäßig mächtige Quellbewölkung und Gewitter auslösen, kommen im Durchschnitt die höchsten Regenmengen zusammen, gebietsweise mehrere Tausend Liter pro Quadratmeter und Jahr (vgl. Abbildung 1 oben). Die Stadt Cherrapunji im Nordosten Indiens und der Berg Wai'ale'ale auf Hawaii gehen als regenreichste Orte der Erde mit durchschnittlich rund 11 500 l/m² pro Jahr in die Statistik ein; in Einzeljahren sind in Cherrapunji sogar über 25 000 l/m² registriert worden. Zum Vergleich: Die mittlere Jahresniederschlagsmenge von Deutschland – in den gemäßigten Breiten gelegen – beläuft sich auf etwa 750 l/m², in Teilen Ostdeutschlands und des Rhein-Main-Gebiets auf kaum mehr als 500 l/m². Werte von zum Teil weit unter 500 l/m² sind charakteristisch für den subtropischen Hochdruckgürtel, der die südlichen USA und Mexiko, Südeuropa, fast ganz Nordafrika und das südliche Afrika, den Nahen Osten sowie Teile Zentralasiens und Australiens umfasst. Punktuell ist in dieser Klimazone seit Jahrzehnten sogar überhaupt kein Niederschlag mehr gemessen worden – in der nordchilenischen Atacama-Wüste im Jahre 1971 angeblich zum ersten Mal seit 400 Jahren (doch in den vergangenen Jahren wurde mehrmals von Starkregen in dieser Gegend berichtet). Relativ niederschlagsarm sind auch die hohen Breiten, die sich im Übrigen durch einen sehr hohen Schneeanteil auszeichnen.

Die Niederschlagsmenge ist in den meisten Regionen auch ungleichmäßig innerhalb des Jahres verteilt (Abbildung 1 Mitte, unten). So ist für die gemäßigten Breiten ganzjährig wechselhafte Witterung mit Regen oder Schnee typisch, während etwa der Mittelmeerraum durch ein wechselfeuchtes Klima mit Winterregen und nur sporadischen Regenfällen im Sommer geprägt ist. Infolge des sommerlichen Sonnenhöchst-

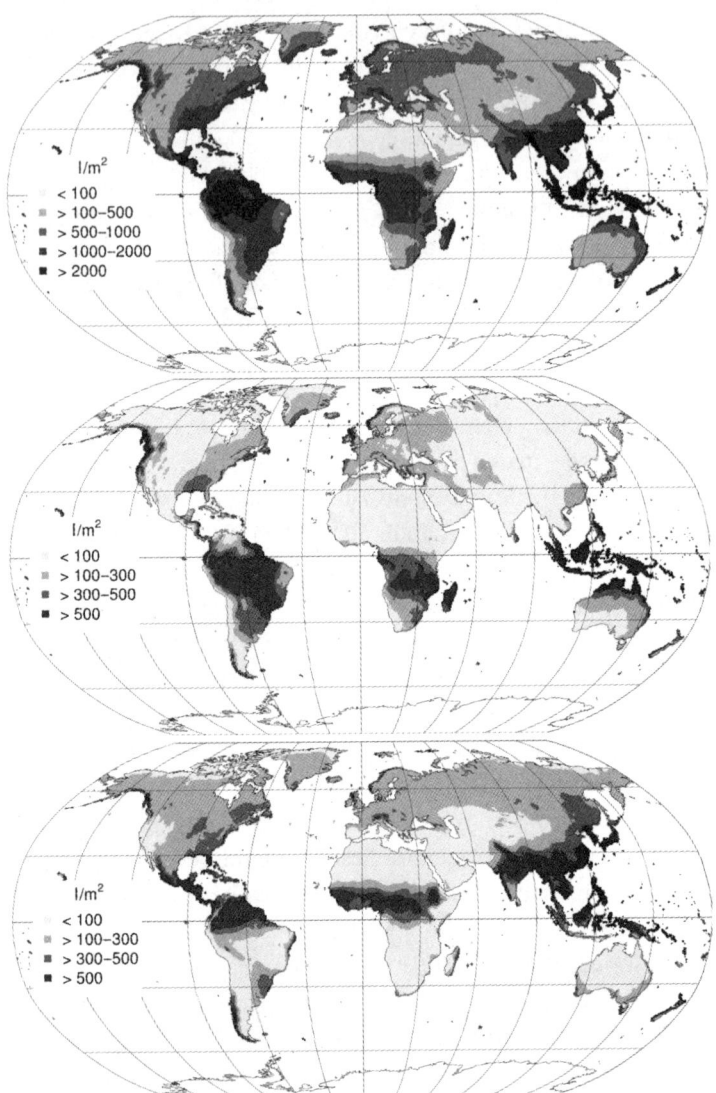

Abbildung 1: Verteilung des Niederschlags über Land im Gesamtjahr (oben), im Winter (Mitte) und im Sommer der Nordhalbkugel (unten). Angaben in Litern pro Quadratmeter, Mittelwerte 1971–2000. Quelle: Klimadatenbank CRU TS3.0.

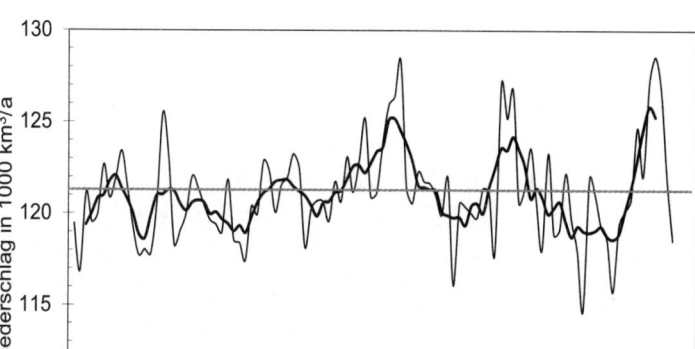

Abbildung 2: Zeitreihe der jährlichen Niederschlagsmenge auf den Landflächen der Erde, 1901–2005 (in 1000 Kubikkilometern). Die fette Linie zeigt den fünfjährigen gleitenden Mittelwert. Quelle: Klimadatenbank CRU TS3.0.

standes und der unterschiedlichen Verteilung von Land und Meer wandert auch die tropische Regenzone im Jahresverlauf, und zwar im Nordsommer auf Äquatorhöhe und nach Südostasien hinein (wo sich dann die Monsunregen ausbilden) und im Südsommer auf etwa 15–20 Grad südliche Breite.

Ebenso schwankt die Niederschlagsmenge von Jahr zu Jahr, was sich selbst in der globalen Summe manifestiert. Wie Abbildung 2 zeigt, wich im vergangenen Jahrhundert die Jahresniederschlagsmenge über Land um einige Prozent nach oben oder unten vom Mittelwert des Gesamtzeitraums ab.

1.2 Schicksal von Regentropfen

Der (variable) Gesamtniederschlag über Land stellt die maximale erneuerbare Wassermenge dar, die zumindest theoretisch in irgendeiner Form nutzbar ist (einmal abgesehen von den eher geringen Mengen, die bislang durch Meerwasserentsalzung gewonnen werden können). Entscheidend für die Nutzungsmöglichkeiten ist aber nicht nur, wie viel Niederschlag in einem bestimmten Zeitraum fällt, sondern welche Wege das Wasser daraufhin einschlägt. Fließt es ober- oder unterirdisch ab, oder verdunstet es? Über welchen Pfad geschieht diese Verdunstung? Zur Illustration dieser Prozesse wollen wir einmal das mögliche Schicksal eines willkürlichen Regentropfens verfolgen[12] – nicht zuletzt deshalb, weil dies für das spätere Verständnis der Chancen zur Wassereinsparung in der Landwirtschaft fundamental ist. Zuallererst wird unser Beispiel-Tropfen mit der sehr heterogenen Gestalt der Landoberfläche konfrontiert. So kann es passieren, dass er auf eine bebaute Fläche (ein Hausdach, eine Straße) trifft, ein Stück unbewachsenen Bodens erreicht oder aber von der Oberfläche einer mit Vegetation bestandenen Fläche (etwa der Krone eines Nadel- oder Laubbaums oder den Ähren eines Weizenfeldes) aufgefangen wird. Ferner ist es denkbar, dass der Tropfen auf eine bereits bestehende Wasserfläche fällt und so zur Füllung dieses Teichs oder Sees beiträgt. Auch kann er zunächst als Schneeflocke gefallen sein und erst nach der Schmelze seinen weiteren Weg suchen.

Für einen Tropfen, der von einem Gegenstand, etwa einer Baumkrone, für einige Minuten oder Stunden zwischengespeichert wird, gibt es nun prinzipiell zwei Möglichkeiten: Entweder er verdunstet von dieser Oberfläche zurück in die Umgebungsluft (Interzeptionsverdunstung), oder er tropft bzw. fließt entlang des Stamms der Schwerkraft folgend nach unten. Wie auch immer er am Ende die Bodenoberfläche erreicht – dort wird es wichtig, welchen weiteren Weg er einschlägt. Oberflächlich abfließen wird er vor allem dann, wenn der Grund hart bzw. versiegelt oder bereits so feucht ist, dass dieser kein zusätzliches Wasser mehr aufnehmen kann. Im ande-

ren Fall wird er in den Boden eindringen, mehr oder weniger
langsam in tiefere Schichten einsickern und unterirdisch wieder austreten oder langfristig dazu beitragen, den Grundwas-
servorrat aufzufüllen.

Ein Großteil des Bodenwassers verdunstet allerdings binnen
Tagen oder Wochen: entweder als Evaporation direkt aus dem
Boden oder – nach Aufnahme durch das Wurzelwerk und an-
schließendem Transport durch den Grashalm oder den Baum-
stamm, gegebenenfalls bis in höchste Baumhöhen hinauf – als
Transpiration durch die Stomata. Diese Stomata sind die zahl-
reichen kleinen Porenöffnungen der Landpflanzen, die sich
vor allem an deren Blattunterseiten befinden, und über die die
Fotosynthese abläuft, indem Kohlenstoff aufgenommen und,
unabdingbar, Wasser transpiriert wird. Was beachtlich ist:
Die Stomata leiten den Löwenanteil des Wasserumsatzes in die
Atmosphäre, mindestens 40 000 km³ jährlich!

Wie bereits erwähnt, summiert sich der Abfluss und damit
die über das weltweite Flussnetz ins Meer transportierte Wassermenge auf durchschnittlich 45 000 km³/a – in Einzeljahren
mit Abweichungen um zum Teil mehr als 10% nach oben oder
unten, die hauptsächlich mit den oben gezeigten Niederschlags-
schwankungen zusammenhängen. So spiegelt auch das räumliche Abflussmuster in wesentlichen Zügen die Niederschlags-
verteilung wider, wie ein Vergleich der Abbildungen 1 und 3
zeigt. Doch fällt auf, dass einige ansonsten trockene Gebiete
von sehr bedeutenden Zuflüssen gespeist werden, die ihren
Ursprung in zum Teil weit entfernten Gegenden haben. Dazu
zählen der Unterlauf des Nils, Teile des Niger und einige
Flüsse in Zentralasien, die als lebenswichtige Adern die Tro-
ckengebiete durchziehen. Vor allem die Gebirge fungieren als
«Wassertürme» der Erde: Etwa die Hälfte der weltweiten Wasserversorgung ist zumindest zeitweise von ihrem Zufluss abhängig.[13]

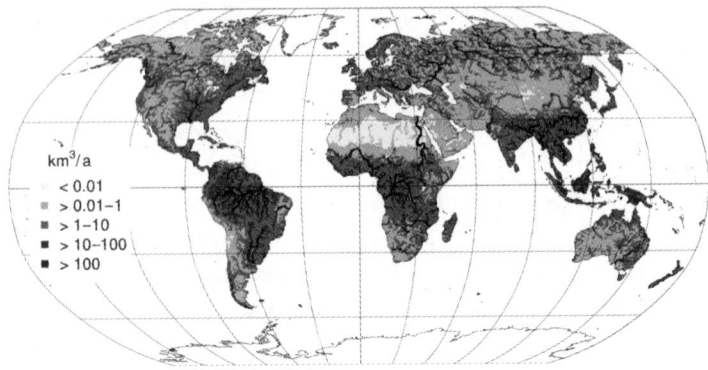

Abbildung 3: Modellierte räumliche Verteilung des entlang des globalen Fluss-netzes akkumulierten Abflusses (Kubikkilometer pro Jahr, Mittelwert 1971–2000). Quelle: PIK – Simulation mit dem Biosphären- und Wasserhaushaltsmodell LPJmL.[14]

Für die Landwirtschaft ist von besonderer Bedeutung, dass die Niederschlags- und Abflussschwankungen gelegentlich zu weit über das Normalmaß hinausragenden Extremereignissen ausarten. Ein Beispiel für solche Extrema, die sogar kurz hin-tereinander in entgegengesetzte Richtungen ausschlugen, sind die mitteleuropäischen Sommer 2002 und 2003. Während vor allem die Anwohner der Elbe und ihrer Nebenflüsse nach ta-gelangen starken Niederschlägen im August 2002 ein Rekord-Hochwasser erlebten, wurden im Folgejahr bei anhaltender Hitze und Trockenheit historische Niedrigwasserstände der Elbe verzeichnet (die bereits in manchen Folgejahren noch unterboten wurden). 2013 folgte direkt auf das im Juni fast ganz Mitteleuropa beherrschende Rekordhochwasser (in sei-nem Ausmaß wohl nur noch in den Jahren 1342 und 1501 übertroffen) einer der trockensten Sommer der vergangenen Jahrzehnte. Ein ähnliches Beispiel sind die 2012 in Südengland nach einem ausgesprochen nassen April aufgetretenen Überschwemmungen, die so unmittelbar auf eine vorangegangene Dürre folgten, dass gleichzeitig zur Hochwassersituation noch Bewässerungsverbote – mit bis zu 1000 £ strafbare *hose pipe bans* – in Kraft waren. Allein diese Überschwemmungen verursachten Ernteeinbußen in einer Höhe von 600 Millionen £.[15] Nicht nur ein Zuwenig, sondern auch ein Zuviel an Wasser kann also katastrophal für die Landwirtschaft sein. Solche Aufeinanderfolgen unterschiedlicher Extrema verdeutlichen, wie schwierig es ist, geeignete Maßnahmen zur Anpassung an den Klimawandel zu planen.

1.3 Planetare Grenze für die Wassernutzung

Meist wird statt des Niederschlags – von dem ja ein größerer Anteil früher oder später verdunstet – der Abfluss (einschließlich des in Seen, Talsperren und Grundwasserleitern zwischengespeicherten Anteils) als die für eine menschliche Nutzung maximal verfügbare Wassermenge angesehen. Aber selbst dies ist eine eher theoretische, optimistische Größe. Zum einen ist alles Wasser, das in Hochwasserereignissen abfließt, unzugänglich, falls keine Speichermöglichkeiten bestehen. Zum anderen fließen große Wassermengen durch entlegene, dünn besiedelte Landschaften wie das Amazonasgebiet oder Sibirien und können unter derzeitigen Bedingungen ebenfalls nicht erschlossen werden. Allein diese Umstände reduzieren die weltweit erreichbare bzw. nutzbare Süßwassermenge auf kaum 16 000 km³/a, Wasserspeicherungen durch Talsperren bereits eingerechnet.[16] Ein Teil dieser Gewässer wiederum ist zu stark verschmutzt oder sollte zum Erhalt der Fluss- und Auenökosysteme von einer Wasserentnahme durch den Menschen ausgenommen bleiben (was in der Realität vielfach jedoch nicht der Fall ist). Im aktuellen Rahmenkonzept der «planetaren Grenzen»,

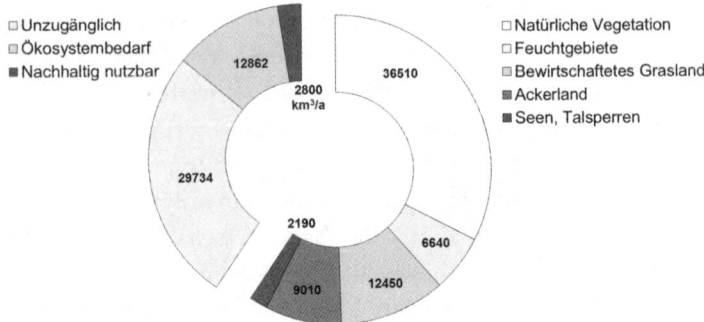

Abbildung 4: Globale Summen von Komponenten des Abflusses (links) und der Verdunstung (rechts) auf den Landflächen der Erde. Die Gesamtsumme entspricht dem Niederschlag (etwas niedriger als in Abbildung 2, da hier unter anderem Eisflächen und kleinere Inseln ausgeschlossen sind). Angaben in Kubikkilometern pro Jahr, Mittelwerte 1971–2000.[19] Der nachhaltig nutzbare Anteil des Abflusses entspricht der aktuell geschätzten planetaren Grenze für den menschlichen Süßwasserverbrauch.

das unter anderem vorsieht, ein akzeptables Höchstmaß an Verschiebungen des Wasserkreislaufs zu berechnen, wird nach vorläufiger Schätzung sogar vorgeschlagen, dass global nur maximal 4000 km³ Wasser pro Jahr verbraucht werden sollten.[17] Ein menschlicher Eingriff in den Wasserhaushalt, der dieses Ausmaß übersteigt, berge das Risiko schwerwiegender Konsequenzen für das Erdsystem mit seinen Ökosystemen und menschlichen Gesellschaften. Deshalb solle der historische, einigermaßen stabile Zustand vorsorglich nicht verlassen werden. Nimmt man den Mindestwasserbedarf, der zur Aufrechterhaltung der Ökosysteme im Fluss bleiben müsste, ernst, bleiben pro Jahr nur noch um die 2800 km³ (siehe Abbildung 4), bei strengen Vorgaben noch niedrigere Mengen für eine Nutzung übrig[18] – ein verschwindend kleiner Teil der gesamten Wasservorräte der Erde und nur ein minimaler Bruchteil der Süßwasservorräte!

Das Gute daran: Die zwar stets zirkulierende, aber global immer gleich bleibende erneuerbare Wassermenge ist theoretisch unendlich lange nutzbar. Man mag daher die wunderliche Rechnung aufstellen,[20] dass sämtliche Tiere, die je die Erde bevölkert haben, mindestens zehn Millionen mal so viel Wasser getrunken und wieder ausgeschieden haben wie das gesamte Menschengeschlecht (bisher vermutlich 108 Milliarden Menschen). Ohne den noch sehr viel höheren Wasserumsatz durch die Stomata aller je existenten Vegetation mitzuzählen, ist das zusammengenommen mehr als das Tausendfache der erneuerbaren Süßwassermenge. Stets war es dasselbe uralte, immer und immer wieder umverteilte Wasser; jeder einzelne Tropfen hätte eine abwechslungsreiche, Milliarden Jahre (womöglich bis in die Zeit vor Entstehung unseres Sonnensystems) zurückreichende Geschichte zu erzählen: Nicht unwahrscheinlich also, dass das Wasser in Ihrem Trinkglas schon einmal von längst ausgestorbenen Urzeitwesen konsumiert wurde. Das Wasser wird uns also auch in Zukunft nicht ausgehen – jedenfalls nicht, bevor in spätestens 1,3 Milliarden Jahren die unaufhaltsame Austrocknung der Erde und ihrer Ozeane aufgrund der dann enorm gesteigerten Leuchtkraft der Sonne beginnt.[21]

An drei Tatsachen kommt man mit solchen Überlegungen jedoch nicht vorbei. Erstens ist und bleibt das Süßwasser regional höchst unterschiedlich verteilt; zweitens ist die Weltbevölkerung (auch und vor allem in Trockengebieten) inzwischen auf 7,5 Milliarden angewachsen; und drittens ist Wasser, anders als zum Beispiel Öl, nicht substituierbar: Es bleibt als Trinkwasser, als Industriemotor und für den Wuchs natürlicher und landwirtschaftlicher Pflanzen auch in Zukunft alternativlos. Die Menschheit kommt also nicht umhin, die regionale und globale Wassernachfrage besser als bisher auf das Angebot (oder, so der schöne Ausdruck deutschsprachiger Hydrologen, das «Wasserdargebot») abzustimmen.

1.4 Blaues Wasser, grünes Wasser

Bei allen Unkenrufen über immer knapper werdende Wasserressourcen ist Folgendes zu beachten: Das im Boden von unbewässerten Äckern und Weideflächen zwischengespeicherte
und über die verschiedenen Pfade verdunstende Wasser kommt
dem Menschen eigentlich auch zugute, gewährleistet es doch
die auf diesen Flächen ausgeübte Land- und Viehwirtschaft.
Berücksichtigt man dieses Wasser also in der Bilanz, ist die gesamte nutzbare Süßwassermenge doch um einiges größer.

Vor diesem Hintergrund hat ein von der schwedischen Hy-
drologin Malin Falkenmark geprägtes Begriffspaar Prominenz
erlangt, das ihre bis in die 1970er Jahre zurückreichenden Be-
mühungen zur Klärung grundlegender Zusammenhänge von
Wasserverfügbarkeit und Welternährung schlaglichtartig zu-
sammenfasst: «blaues Wasser» und «grünes Wasser».[22] Falkenmarks Kernbotschaft ist, dass spätestens seit der Grünen Revolution immer nur das in Flüssen, Seen, Grundwasserspeichern
und künstlich errichteten Talsperren vorhandene und zur
menschlichen Entnahme (vor allem zur Bewässerung) nutzbare blaue Wasser im Mittelpunkt steht. Das «unsichtbare», in
den Boden eingedrungene Regenwasser – das grüne Wasser[23] –
wurde hingegen bis vor kurzem in der Forschung und der
Wasser- bzw. Landwirtschaftspraxis vernachlässigt. Das ist erstaunlich, ist dieses Wasser doch Voraussetzung für den weitaus größten Teil der Biomasseproduktion der Erde: Es nährt
nicht nur sämtliche natürlichen Landökosysteme, sondern
auch die gesamte unbewässerte Landwirtschaft (einschließlich
des Weidelands) sowie immer auch Teile der bewässerten
Landwirtschaft. Die Verdunstung grünen Wassers auf Acker-
und Weideflächen summiert sich derzeit auf über $21\,000\,\text{km}^3$
pro Jahr (vgl. Abbildung 4, die für diese Flächen die Verdunstung von ca. $1\,200\,\text{km}^3$ blauem Bewässerungswasser enthält).

«Nur wenn wir sie in Worte kleiden, geben wir den Dingen Wirklichkeit», meinte einmal Oscar Wilde. Es lässt sich natürlich nicht sagen, inwieweit Falkenmarks Begriffspaar dazu beigetragen hat, dass seit einigen Jahren vermehrt neue Wege zu einer effizienteren Wassernutzung in der Landwirtschaft diskutiert werden und dass sich diese Diskussion mehr und mehr vom allzu engen Fokus auf die Bewässerung emanzipiert. Tatsache ist jedenfalls, dass eine erweiterte Perspektive, die das grüne Wasser mit in den Blick nimmt, von fundamentaler Bedeutung für Fragen der Wasserknappheit und der Welternährung ist. Ich komme darauf noch ausführlich zurück; aber die Feststellung, dass die erheblichen Mengen grünen Wassers bisher weitgehend ausgeblendet wurden, lässt bereits zwei Dinge erahnen: Ein alleiniger Fokus auf blaues Wasser führt zum einen fast zwangsläufig zu einer Überschätzung des regionalen und globalen Wassermangels. Zum anderen verschleiert er die Sicht auf das weite Spektrum wasser- und landwirtschaftlicher Methoden, die ganz ohne Bewässerung zu einer Steigerung des Ertrags beitragen und dabei stillschweigend die blauen Wasserressourcen schonen.

In den vergangenen Jahren haben sich unter Wissenschaftlern und zunehmend auch in der Öffentlichkeit noch andere Begriffe etabliert, die den vielen Gesichtern des Wassers und seiner Nutzungsmöglichkeiten Rechnung zu tragen versuchen bzw. eigentlich Offensichtlichem überhaupt erst einen Namen verliehen haben. Vor allem der Begriff «virtuelles Wasser» hat einige Bekanntheit erlangt. Er bezeichnet den Umstand, dass im Rahmen der Herstellung fast aller Produkte, die wir konsumieren, je nach Produkt und Herkunftsort unterschiedliche Mengen an Wasser verbraucht werden. In landwirtschaftlichen Erzeugnissen beispielsweise ist vor allem das am Wachstum der Kulturpflanzen beteiligte Wasser «versteckt». Zwar ist es nicht mehr im Endprodukt enthalten, aber doch auf den Feldern und im weiteren Verarbeitungsprozess verdunstet, versickert oder verschmutzt worden. Infolgedessen beansprucht jede Region durch den Warenimport letztlich die blauen oder grünen Wasserressourcen der Exportregion. Nach wenig erfolgreichem Bemühen, dieses Prinzip des Handels mit «verstecktem» Wasser bekannt zu machen, hat der Londoner Geograf Tony Allan Anfang der 1990er Jahre schließlich den Begriff virtuelles Wasser geprägt. Erst durch die Verwendung des Wortes «virtuell», das im Zuge der Internetrevolution damals in aller Munde war, hat diese Idee Einzug in die öffentliche Debatte gehalten und den Diskurs über die globale (und globalisierte!) Wassernutzung verändert.[24]

Überhaupt entschlüsselt die moderne Wasserforschung – insbesondere seit die Vereinten Nationen 1965 die Internationale Hydrologische Dekade ins Leben gerufen haben – in immer feineren Analysen von Mess- und Modelldaten den immerwährenden Wasserkreislauf in seinen zahllosen Verästelungen. So können die mittlerweile erstaunlich verschlungenen Pfade des Wassers durch die zunehmend globalisierte Weltgesellschaft mit wachsender Präzision verfolgt werden. Aber wie hat diese menschliche Durchdringung des globalen Wasserkreislaufs angefangen?

2 Menschliche Wassernutzungen

2.1 Eine kurze Weltgeschichte der Wassernutzung

Im Jahre 2005 stießen Archäologen bei Ausgrabungen im südlichen Jordanien auf etwas höchst Bemerkenswertes: Im Wadi Abu Tulayha entdeckten sie Strukturen eines simplen Bewässerungssystems, bestehend aus einer Art Zisterne zur Speicherung von bis zu 60 000 Litern Wasser und einem kleinen Damm zur Wasserumleitung. Diese Anlage ist sicher 9500 Jahre alt und somit das älteste bisher bekannte Wassermanagementsystem der Erde. Sie hatte den Nomaden in diesem extrem trockenen Gebiet offenbar den saisonalen Anbau von Getreide auf ein paar Hektar Land ermöglicht.[25] Dies markiert den Beginn eines bis heute fortlebenden überwältigenden Erfindungsreichtums des Menschen, sich von seiner direkten Abhängigkeit von lokalen Quellen zu emanzipieren, vorhandene Wasserressourcen immer konstruktiver zu bewirtschaften und sie aus immer ferneren Gegenden heranzuziehen.

Doch erst mit Beginn des Bronzezeitalters wurden Brunnen, Kleinspeicher, Dammanlagen und Bewässerungsterrassen technisch verfeinert und verbreiteten sich in der Alten Welt. Man mag diese Entwicklung als eine «Wasserrevolution» im Gefolge der Neolithischen Revolution, also dem Aufkommen der Land- und Viehwirtschaft, bezeichnen, die die Entwicklung der Kultur und den Lauf der Weltgeschichte mindestens genauso entscheidend mitbestimmt hat.[26] Zumindest das Aufblühen von antiken Städten wie Pergamon war nur auf der Grundlage ausgefeilter Wasserversorgungs- und Wassertrans-

portsysteme möglich.[27] Dazu gehören auch die Qanate, eine
«geniale wassertechnische und wasserwirtschaftliche Entde-
ckung und Entwicklung» des Altertums.[28] Diese unterirdischen Stollensysteme fanden vor knapp 3000 Jahren zunächst
in Persien, dann im Mittleren und Nahen Osten, im Zuge der
späteren Islamisierung auch in Nordafrika und Teilen Südeuropas Verbreitung, und sie werden auch heute noch genutzt.
Ein Qanat-Netzwerk ermöglicht selbst in flusslosen Gebieten den kontinuierlichen Austritt und die Weiterleitung von
Grundwasser (meist aus angrenzenden Berghängen) mit den
weiteren Vorteilen, dass das Wasser nicht offen steht, es kaum
erwärmt oder verschmutzt werden kann, nur wenig davon verdunstet und seine Entnahme nicht über die natürliche
Grundwasser-Neubildungsrate hinausgeht.

Beispiele für groß angelegte wasserbauliche Meisterleis-
tungen der antiken Welt, von denen heute manche auf der
UNESCO-Liste des Weltkulturerbes stehen, sind die vielen
prestige- und symbolträchtigen ästhetischen Aquädukte im
Römischen Reich und seinen Provinzen. Der längste davon ist
die im thrakischen Bergland mäandrierende 551 km lange (im
späten 4. Jhdt. n. Chr. unter Kaiser Valens begonnene und später erweiterte) Wasserleitung hin zu unterirdischen Zisternen
und Nymphäen in Konstantinopel. Bedeutend waren ferner
die Wasserkulturen im Alten Ägypten und in Angkor Wat im
heutigen Kambodscha; eine rätselhafte, bis 1700 v. Chr. bestehende Indus-Kultur, die den später in Europa aufkommenden
urbanen Wasserversorgungs- und Sanitärstrukturen um Jahrtausende voraus war; sowie ein um 3000 v. Chr. von den Sume-
rern im Zweistromland zwischen Euphrat und Tigris erschaf-
fenes raffiniertes Kanal- und Bewässerungsnetzwerk (wichtig
für den Aufstieg Mesopotamiens, aber später – gebietsweise
bis zum heutigen Tag – verhängnisvoll aufgrund zunehmender
Bodenversalzung). Ähnlich ausgeklügelte, großräumige Kanal-

strukturen sind für das Gebiet um das heutige Phoenix/Arizona belegt, dessen Bewirtschaftung durch die Hohokam-Indianer seit etwa 500 n. Chr. jahrhundertelang in voller Blüte stand, bevor diese präkolumbische Kultur im 15. Jahrhundert vermutlich ebenfalls als Folge gravierender Bodenversalzung in Kombination mit extremer Witterung (Dürren, Überschwemmungen) verschwand. Schließlich gibt es die riesige Bewässerungsanlage Dujiangyan in der chinesischen Provinz Sichuan, die seit ihrem Bau vor fast 2300 Jahren durchgängig in Betrieb ist. Deren Baumeister Lǐ Bīng wird bis heute in China verehrt – wie auch der mythische Urkaiser Yǔ, der viele Jahrhunderte zuvor den Gelben Fluss wie einen Drachen gebändigt haben soll. Auch im Kanalbau setzten die Chinesen Maßstäbe: Der im Jahre 610 fertiggestellte Kaiserkanal verband (aufbauend auf früher fertiggestellten Teilstrecken) über eine Länge von mehr als 1800 km den trockenen Norden des Landes mit den gewaltigen Wassermassen des Jangtsekiang – immer noch der längste künstliche Kanal der Erde. Im Lauf der Jahrhunderte kam dem Kaiserkanal eine enorme strategische Bedeutung unter anderem als Handelsroute zu, was dem Land zu einem goldenen Zeitalter verhalf.[29]

Intensives Flussmanagement, Bewässerungslandwirtschaft und Ertragssteigerung sind mithin ein Hauptgrund dafür gewesen, dass Asien (vor allem China und auch Indien) jahrhundertelang einen wirtschaftlichen Vorteil gegenüber Europa hatte. Namentlich in England war das Wassermanagement – stark begünstigt durch das gemäßigte Klima, das ausgewogene Abflussverhalten und die geringe Verschlammung der Flüsse – auf den Bau und Betrieb von Wassermühlen und -rädern, Schleusen und eines stabilen Netzes kleinerer Kanäle bzw. schiffbarer Flussrouten konzentriert. Ab 1760 gab es dort indes einen regelrechten Boom, Kanäle als Transportrouten auszubauen. Einer interessanten These zufolge konnte sich in dieser Anfangsphase der Industriellen Revolution das wirtschaftliche Kräfteverhältnis zwischen Europa und Asien unter anderem deswegen umkehren, weil die ganzjährig verlässliche Wasserverfügbarkeit, Wasserbewirtschaftung und Schiffbarkeit in Teilen von England, Schottland und Wales vor allem für die Textil- und Baumwollindustrie, später auch für die Metallindustrie ausschlaggebend waren.[30] Exponenten des Kanalbaus (Wassergräben und Grachten, als Transportwege, zur Entwässerung und zur Verteidigung angelegt) und Deichbaus waren und sind natürlich auch die Niederlande. Sie haben ihre wasserbauliche Kunst Ende des 19. Jahrhunderts nicht nur nach Deutschland, sondern auch nach Fernost exportiert. Ohne solchen Transfer wäre etwa «die wirtschaftliche Revolution [Japans] nicht möglich gewesen». Ein weiteres Beispiel für die gesamtgesellschaftliche und wirtschaftliche Bedeutung der Bezwingung eines landesweiten Flussnetzes ist Spanien, dessen «Modernisierungsprozess [...] mit einer umfassenden Kontrolle der Wasserressourcen verbunden» war. Später schuf auch in Fernost die verstärkte Regulierung der Wasserläufe – vor allem die Errichtung zahlloser Staudämme ab den 1950er Jahren – die «Voraussetzung für das kontinuierliche wirtschaftliche Wachstum des modernen China».[31]

Und in Deutschland? Dort begann Ende des 19. Jahrhunderts eine Ära des Talsperrenbaus, die vor allem in den Städten nach und nach die Abhängigkeit von privaten und öffentlichen Brunnen minderte. Zunächst war dieser Boom, wie in England, dadurch motiviert, den Wasserrädern der Textilindustrie (im Bergischen Land und Sauerland) einen gleichmäßigen Zufluss zu garantieren. Die vielfältigen Funktionen der später – bis in die 1980er Jahre hinein – im ganzen Land sorgsam geplanten und errichteten Talsperren waren und sind aber die Trinkwasserversorgung, die industrielle Wasserversorgung, der Hochwasserschutz, die Bewässerung, der Tourismus, die

Stromerzeugung und die Unterstützung der Binnenschiff-fahrt.[32] Schon zu Beginn des 19. Jahrhunderts hatte man sich in Deutschland außerdem der umfassenden Begradigung von Flüssen angenommen, etwa zum Zwecke der Schiffbarma-chung, der Stadtentwicklung, der objektiveren Grenzziehung zwischen Nachbarländern und auch der Malariabekämpfung. Dazu zählt die in ihrer Größenordnung bis dahin undenkbare «Rheinkorrektion» zwischen Baden und dem Elsass unter Johann Gottfried Tulla, und selbst diese war nur ein Vorläufer für das einige Jahrzehnte später vollendete «größte Bauvorha-ben, das jemals in Deutschland in Angriff genommen wurde»:[33] die Kürzung des Rheins zwischen Basel und Worms um etwa 80 Kilometer. Mit den Flussbegradigungen und -aufstauungen, der Trockenlegung von Auen und der land- und siedlungswirt-schaftlichen Nutzung der neu gewonnenen Flächen wurde ein weitreichender Verlust der natürlichen Überflutungsflächen und des darin vorhandenen Reichtums an Tier- und Pflanzen-arten hingenommen.

Die wasserbaulichen Entwicklungen in weiten Teilen Euro-pas wären ohne einen grundsätzlichen mentalen Wandel kaum möglich gewesen. Wasser wurde zunehmend als eine Dienst-leistung, ein Mittel zur Profitsteigerung und ein zu bezwin-gender Feind wahrgenommen, obgleich andere Stimmen sich immer wieder für den Natur- und Heimatschutz eingesetzt haben und auch die lokale Bevölkerung sich oft nur resigniert mit der Umgestaltung ihrer Landschaft und der Flutung ihrer Wohnorte abgefunden hat. Zur gleichen Zeit wurden Gewässer zum Beispiel in Indien als heilige Objekte verehrt, dabei Ri-tualplätze und Tempel an ihnen angelegt. An eine wirtschaft-liche Inwertsetzung des Wassers war dort noch nicht zu den-ken, anders als heutzutage, da technokratisches Denken in einer eigenartig widersprüchlichen Beziehung zur nach wie vor lebendigen religiösen Wasserverehrung steht. In einer

1829 – in Hochzeiten der europäischen Gewässermanipulation – veröffentlichten Reflexion bemerkte Goethe ambivalent: «Der Bach ist dem Müller befreundet, dem er nutzt, und er stürzt gern über die Räder; was hilft es ihm, gleichgültig durch's Tal hinzuschleichen.»[34] Hier schwingt einerseits ein Antike-Verständnis mit, demgemäß Mensch und Natur in einer Art freundschaftlicher Übereinkunft zusammenwirken sollten. Andererseits klingt der neuzeitliche Gedanke an, Wasser und die Natur allgemein fänden erst durch menschliche Nutzung zu ihrer eigentlichen Bestimmung. Das 1963 vom ersten indischen Ministerpräsidenten Javāharlāl Nehrū bei der Einweihung der 226 Meter hohen Bhakra-Talsperre verkündete Motto, große Dämme seien die Tempel des aufstrebenden Indiens, indiziert, dass sich im Laufe der Zeit – und speziell mit Anbruch der Grünen Revolution – auch in anderen Regionen der Welt die zweite Interpretation durchgesetzt hat. Auf solche Paradigmenwandel und ihre Bedeutung für die Zukunft der Wassernutzung komme ich noch ausführlich zu sprechen.

Zurück nach England: Bevor der Wissens- und Methodentransfer von dort in die Vereinigten Staaten und darüber hinaus erfolgen konnte, musste es Mitte des 19. Jahrhunderts erst zu einem «sanitären Erwachen» kommen. Dieses Umdenken hat eine fatale Folgeerscheinung der Industriellen Revolution und des enormen Bevölkerungszuwachses in den Städten – die verbreitete hochgradige Wasserverschmutzung und die dadurch hervorgerufenen, oft massenhaft tödlichen Krankheiten wie Cholera, Typhus oder Diarrhö – erfolgreich bekämpft und dadurch die komplett aus dem Gleichgewicht geratenen gewässerökologischen Grundlagen der Gesellschaft einigermaßen wiederhergestellt.[35] Es ist übrigens bestürzend, dass in der heutigen Welt, trotz aller Fortschritte im Rahmen der (den aktuellen Nachhaltigen Entwicklungszielen vorangehenden) Millenniumsentwicklungsziele der Vereinten Nationen, zweieinhalb Milliarden Menschen keine sanitäre Grundversorgung, 750 Millionen Menschen keinen sicheren Zugang zu Trinkwasser und viele andere bloß Zugang zu mikrobiell kontaminiertem und/oder weit entferntem Wasser haben, das sie sich teilweise mit Tieren teilen müssen – wohlgemerkt anderthalb Jahrhunderte nach der Sanitär-Revolution in London und zweieinhalb Jahrtausende nachdem Athen mit einem ausgeklügelten System von Fontänen, Zisternen, Wassersammelanlagen und Aquädukten mit Frischwasser versorgt werden konnte![36]

In der ersten Hälfte des 20. Jahrhunderts waren die USA dann weltführend, was Ausmaß und Erfindungsfreude der Wasserförderung und -nutzung angeht. Selbst die Wüstengegenden im Westen konnten zu Viehzucht- und Landwirtschaftszentren ausgebaut und sogar städtisch besiedelt werden. Möglich gemacht wurde dies durch Flussregulierungen, Kanalbauten (teils unter Nutzung vormaliger Strukturen der Hohokam) und den Bau riesiger Staudämme wie die 1936 in Betrieb genommene Hoover-Talsperre, die den Colorado zum Lake Mead aufstaut: nach der verheerenden Dürre im Westen der USA ein «‹strahlende[s] Symbol› amerikanischer Schaffenskraft».[37] Etwas später konnte auch der umfassende grundwasserführende Ogallala-Aquifer unterhalb der Great Plains mittels relativ kostengünstiger und massenhafter Pumpungen erschlossen werden.

Von dort aus traten die Staudämme ihren Siegeszug an. Dies geschah nicht nur in den USA selbst, wo schon in den 1970er Jahren fast alle Flüsse in irgendeiner Weise anthropogen verändert und die besten Plätze belegt waren. In vielen Ländern Asiens und Afrikas wurde im Rahmen der Grünen Revolution, gefördert von westlichen Nationen und der Weltbank, seit den 60er Jahren eine massive Industrialisierung und Kommerzialisierung der Landwirtschaft betrieben, gleichzeitig das

Kleinbauerntum zurückgedrängt. Insbesondere die neu ge-
bauten Staudämme waren Hebel und Symbol der postkolo-
nialen Staatenbildung gleichermaßen: die Tempel der Moderne
eben. Für die Wassernutzung bedeutete diese Entwicklung
eine starke Ausweitung der Bewässerungsflächen und auf diese
Weise einen rasanten Anstieg von Wasserentnahme und -ver-
brauch (siehe Abschnitt 2.2). Weltweit ist die Anzahl der großen Dämme mit einer Mindesthöhe von 15 Metern seit 1900
von wenigen hundert auf derzeit über 58 000 gestiegen (fast die
Hälfte davon befindet sich allein in China), weshalb man nun
von einer gesamten globalen Speicherkapazität dieser Reservoire von nahezu 11 000 Kubikkilometern ausgehen kann.[38]
Mit anderen Worten: Mittlerweile wird ungefähr ein Viertel
der jährlich in den Flüssen der Erde transportierten Wassermenge (vorübergehend) aufgestaut. Sein Maximum erreichte
der Dammbau Mitte der 50er bis Mitte der 70er Jahre, als in
manchen Jahren mehr als tausend Neubauten im Jahr errichtet
wurden. Dieser Aufwärtstrend hat sich später abgeschwächt;
global ging die Anzahl der neuen Staudämme bis zur Jahrtausendwende auf unter 200 pro Jahr zurück. Nichtsdestotrotz
sind zurzeit allein zum Zwecke der Stromerzeugung durch
Wasserkraft mindestens 3700 weitere Dammbauten in Arbeit
oder in Planung, vor allem in Schwellenländern (über 500 davon in der Balkanregion mit erwartbaren schwerwiegenden
Folgen für bisher unberührte Naturparadiese,[39] viele weitere
in China, Indien und vor allem Brasilien). Ihre Realisierung
binnen der nächsten zwei Jahrzehnte würde einer Erhöhung
der global mit Wasserkraft erzeugten Energiemenge um bis zu
73 % auf ca. 1700 Gigawatt entsprechen. Das würde aber auch
bedeuten, dass in Zukunft nicht mehr «nur» knapp die Hälfte,
sondern fast alles Flusswasser Regulierungen und Fragmentie-
rungen unterworfen sein wird.[40]
Unterdessen schreitet vor allem in Asien die Planung für

weitreichende Umleitungen von Flüssen voran. Diese Megaprojekte stellen selbst die größten historischen Konstruktio-
nen dieser Art in den Schatten. Besonders enorme Ausmaße
nimmt das Vorhaben an, den Kaiserkanal in einem noch
umfassenderen Kanal-, Staudamm- und Tunnelsystem aufge-
hen zu lassen, das den «ungerechten» Wassermangel in den
Agrarregionen, Millionenstädten und austrocknenden Flüssen
Nordchinas abstellen soll. 25 Milliarden Kubikmeter Wasser
sollen nun pro Jahr entlang zweier Routen geliefert werden
(eine dritte Route ist noch strittig). Aber es zeichnet sich ab,
dass dies kein Erfolgsrezept zur Minderung der Wassernot-
stände in Nordchina sein wird. Drastischen Einsparungen des
industriellen und landwirtschaftlichen Wasserverbrauchs wäre
jedenfalls ein größerer Erfolg beschieden – nicht nur wegen
der ökologischen und ökonomischen Schattenseiten des Mega-
projekts, sondern auch, weil im Zuliefergebiet des Jangtsekiang die Dürrewahrscheinlichkeit zunimmt.[41]

Ein weiteres prominentes Beispiel ist der im Jahre 2003 in
Indien gegebene «Startschuss zur Realisierung eines der größten Infrastrukturprojekte der Welt [...] einer gigantischen Was-
serumverteilungsanlage».[42] Ganze 37 große Flüsse, einschließlich des Brahmaputra und des Ganges, sollen durch ein
Kanal- und Tunnelsystem, das sich über eine Gesamtlänge von
15 000 Kilometern quer durch Wüsten- und Gebirgsgegenden
erstreckt, miteinander verbunden werden. Ziel dieses um die
200 Milliarden Dollar teuren *National River Linking Project*
ist es, alljährlich große Wassermengen aus den im Himalaya
entspringenden Flüssen in die weiter südlich gelegenen Trockenregionen Indiens umzulenken, um dort zusätzliches Land
zu bewässern, Hochwasserschutz und Wasserkrafterzeugung
entlang der Strecke inklusive. Dies folgt der Logik der Regierung, zur Ernährungssicherung der weiter steigenden Bevölkerung die Ackerfläche drastisch auszuweiten: In Anbetracht

der erwarteten Einwohnerzahl Indiens von über 1,5 Milliarden im Jahre 2050 wird eine Vergrößerung der Bewässerungsfläche um etwa ein Drittel auf rund 135 Millionen Hektar angestrebt. Der Subkontinent wäre dann nicht mehr so unmittelbar der ungleichen Verteilung seiner Wasserressourcen und den Launen des Indischen Monsuns ausgesetzt; denn wenn der Monsun weiter schwächelt (und außerdem die Temperaturen ungeahnte Höhen erreichen), hat dies verheerende Folgen, wie in den Jahren 2014 und 2015:[43] Ganze Landstriche mit ihren Flüssen, Seen und Staudämmen fallen trocken, Wasserzüge durchfahren mit ihrer kostbaren Fracht die zur Wüste gewordenen Gegenden, Teile der ländlichen Bevölkerung fliehen in die Städte, und die Selbstmordrate von Bauern steigt, weil sie ihre Familie aufgrund der Ernteausfälle nicht mehr ernähren können. Für den amtierenden Premierminister Narendra Modi – der erst Notmaßnahmen zur Minderung der aktuellen Wasserkrise ergriffen hat, als diese sich zu einer «Ernährungs-, Gesundheits-, Arbeitslosigkeits-, Landwirtschafts- und Futtermittelkrise» auszuweiten begann und er von einer Nichtregierungsorganisation wegen Untätigkeit verklagt worden war – ist das *National River Linking Project* ein alsbald zu erfüllender nationaler Traum.

Währenddessen denkt man in Russland, Kasachstan und Usbekistan an Sowjet-Pläne der 1950er Jahre zurück (vgl. Einleitung), den Lauf von einigen der enorm wasserreichen sibirischen Flüsse in Richtung der trockenen Regionen des Südens umzukehren. Mitte der 80er Jahre von Michail Gorbatschow aus Kosten- und Umweltschutzgründen schon einmal gestoppt, sehen diese utopischen Pläne unter anderem vor, den Ob zum Aralsee zu führen.[44] Aktuell fürchtet Usbekistan aber den von Russland unterstützten Bau neuer Staudämme in Kirgisistan (am Naryn, einem Nebenfluss des Syr-Darja), was dem Baumwollanbau östlich des Kaspischen Meers buchstäblich das Wasser entziehen würde: ein politisierter zentralasiatischer Wasserkonflikt, der auch militaristische Züge trägt.[45]

Wasserkonflikte beschäftigen uns noch in Abschnitt 6.2, aber eines vorweg: Für viele – wenn auch bei weitem nicht alle – große Flüsse ist die grenzüberschreitende Wasserbewirtschaftung, vor allem im Zusammenhang mit Staudammbauten, in internationalen Verträgen geregelt, so dass die Gefahr offener Auseinandersetzungen in diesen Fällen gebannt scheint. Ein aktuelles Beispiel ist ein im März 2015 von den Staatspräsidenten unterzeichnetes Grundsatzabkommen zwischen Ägypten, Äthiopien und Sudan zur Aufteilung des Nil-Wassers. Nach jahrelangem Streit, der sogar indirekte Kriegsdrohungen enthielt, wurde offenbar ein Weg gefunden, Ägyptens «historische Rechte» am Nil und sein Vetorecht weiterhin zu garantieren; die Landwirtschaft und Trinkwasserversorgung des Landes ist fast gänzlich vom Nilzufluss aus den südlich gelegenen Ländern abhängig. Streitpunkt ist der Bau einer der größten Talsperren Afrikas, des Großen Äthiopischen Renaissance-Staudamms mit angegliedertem Wasserkraftwerk, für den Umleitungen des Nils in Angriff genommen worden waren.

Alles in allem ist das Ingenieurs- und Machbarkeitsdenken kein rein «westliches» oder postkoloniales Phänomen. Dies zeigt auch ein nur oberflächlicher Einblick in Denk- und Handlungsweisen, denen man in China begegnet. Der Schriftsteller Erik Orsenna fasst nach seinem Besuch bei einem dort ansässigen Ingenieur, mit dem er über die großräumigen Flussumleitungen, Kanäle und Dämme gesprochen hatte, leicht ironisch zusammen, was den chinesischen Landesstolz ausmache: der Ehrgeiz zur Beherrschung der Natur, deren Diktate man nicht akzeptiere; das arbeitswütige Bemühen, Wissen anzuwenden, um «das Funktionieren der Welt [zu] verbessern»; eine «Leidenschaft für Symmetrie», derentwegen man auch die

Fließrichtung von Flüssen korrigieren müsse; und die Moral, das Werk der Vorfahren weiterzuführen.[46] Hinsichtlich des Umgangs mit Wasser und Natur ist China ohnehin ein interessanter Fall, vermengt sich doch dort eine ökonomisch-pragmatische und marxistische Ingenieursphilosophie auf eigentümliche Weise mit traditionellem konfuzianistischem, taoistischem und naturphilosophischem Denken – eine nochmals andere Konstellation techno-optimistischer und religiöser Gesinnung als in Indien. Eine wichtige Komponente ist das taoistische Prinzip des *wu wei* (無為), eine (sich auch in der chinesischen Außenpolitik wiederfindende) Haltung des Nichteingreifens, die «auf die Beziehung zwischen Mensch und Umwelt manchmal stabilisierend, manchmal aber auch destabilisierend» wirkt.[47] Als mäßigende Kraft findet *wu wei* auch Eingang in den Wasserbau, freilich im Widerstreit mit dem seit dem 3. Jahrhundert v. Chr. im chinesischen Ingenieurwesen vorherrschenden konfuzianischen Prinzip, die Natur denn doch zu manipulieren im Sinne des Gemeinwohls.[48] So besteht in China (wie auch in Ländern Südasiens) der Drang zum Bau von Staudämmen und zur großräumigen Umleitung von Flüssen fort – obwohl man eingedenk zunehmender Wasserknappheits- und Wasserverschmutzungsprobleme nun eigentlich nachhaltigere Managementpfade beschreiten will.[49]

Der kalifornische Wasserexperte Peter Gleick hat die in den letzten Jahrzehnten fast überall vorherrschenden Formen des Wassermanagements als einen höchst ambivalenten «harten Pfad» beschrieben. Diese Entwicklung, so schreibt er, «brachte Milliarden von Menschen enormen Nutzen, verringerte das Auftreten wasserbürtiger Krankheiten, beförderte die Erzeugung von Wasserkraft und die Bewässerungslandwirtschaft und minderte das Risiko verheerender Überschwemmungen und Dürren».[50] Aber der harte Pfad ging gleichzeitig mit schwerwiegenden, anfangs oft nicht absehbaren sozialen, ökonomischen und ökologischen Kosten einher, weshalb die ihm innewohnende Mentalität zunehmend kritisch beurteilt wird.

Beispielsweise bedeutet der Bau von Megadämmen, dass große Flächen überflutet werden müssen, was weltweit bisher bereits zig Millionen Menschen zur Umsiedlung gezwungen hat. Allein dem im Jangtsekiang angelegten gigantischen Drei-Schluchten-Damm, der Hunderte Dörfer und Städte unter Wasser setzte, ging eine Zwangsumsiedlung von weit über einer Million Menschen voraus. In vielen Fällen sind die «indigene» Bevölkerung und andere Minoritäten am ehesten von den Umsiedlungen betroffen. Auch der Verlust an Kulturgütern ist enorm. So wird der Bau von drei neuen Nil-Staudämmen im Sudan wohl sehr bald Hunderte von archäologischen Stätten mitsamt ihren vorzeitlichen Dorfstrukturen, Grabstätten und Felszeichnungen, altägyptischen Tempeln, frühchristlichen Kirchenbauten und mittelalterlichen Festungen unter Wasser setzen.[51] Bei längerem Betrieb großer Staudämme machen sich auch kostspielige Umweltauswirkungen bemerkbar. Diese umfassen schleichende und schwer umkehrbare Prozesse wie die zu einem Verlust der Speicherkapazität führende Verschlammung, die Bodenversalzung, die Verunreinigung des Wassers durch toxische Algenblüten und Schwermetalle, den Verlust von Tier- und Pflanzenarten (etwa durch Fragmentierung und Temperaturänderung des Lebensraums bestimmter Fische) und die möglichen Änderungen des Regionalklimas. In einigen Fällen wurden Fischtreppen installiert, um die Umgehung des Damms zu ermöglichen, doch die Tiere nutzten sie nicht im erwarteten Ausmaß. Eine neue Erkenntnis ist, dass allein im subsaharischen Afrika jedes Jahr über eine Million Menschen mit Malaria infiziert werden, weil sie in der Nähe großer Staudämme – wahren Brutstätten der Anopheles-Mücke – leben.[52]

Die Stromerzeugung durch Wasserkraft, eine der wesentlichen Funktionen von Staudämmen, wird gern als wichtige
Quelle erneuerbarer Energien angeführt. Aber es ist zu bedenken, dass Stauseen, insbesondere in heißen Gebieten, auch
eine bedeutende Quelle von Treibhausgasemissionen (vor
allem Methan) darstellen, sie somit ihr Klimaschutzpotential
von vornherein zunichtemachen können.[53] Ein weiteres Paradox, das den engen Zusammenhang zwischen Wasser, Energie
und Klima versinnbildlicht: Wird einmal der Klimawandel mit
deutlich höheren Wassertemperaturen und niedrigeren Fluss-
pegeln wirksam, sinken nicht nur die Lauf- und Stauwasserka-
pazitäten solcher Anlagen; auch die von massiver Kühlwasser-
zufuhr abhängige Stromerzeugung aus fossilen Energieträgern
muss dann mit erheblichen Absenkungen der Kraftwerks-
kapazitäten bis hin zum Blackout rechnen.[54] Und schließlich
noch das: Die von einem 156 Meter hohen Staudamm umfasste
Zipingpu-Talsperre steht im Verdacht, zur Auslösung des großen Erdbebens von Wenchuan (China) 2008 beigetragen zu
haben.[55]

Insgesamt verwundert es also nicht, dass die Schlussfolgerung der bisher umfangreichsten Bestandsaufnahme der Vor-
und Nachteile von Staudämmen – einem Ende 2000 von der
repräsentativ zusammengesetzten «Weltkommission für Staudämme» vorgelegten Bericht – nicht gerade positiv ausfällt:
Große Staudämme erfüllen ihren Zweck nur selten, da sie wirt-
schaftlich hinter den Erwartungen zurückbleiben, mit hohen,
vielfach untragbaren Folgekosten belastet sind und oft weitaus
schädlichere Konsequenzen haben, als es bei ihrer Planung
vorhergesehen wurde.[56]

Ökologen, Hydrologen, Mediziner und andere Fachleute
schätzen auch Indiens *River-Linking*-Projekt als gefährlich
ein. Ihre Sorge ist unter anderem, dass das umfassende Kanal-
system mit seinen Stehgewässern zur Ausbreitung von Krank-

heiten beiträgt und dass es die Flussökosysteme durch Habitatzerstörung und Invasion neuer Arten schädigen wird. Ferner bleibt abzuwarten, wie sich die Staaten und Akteure an den Oberläufen der betroffenen Flüsse zu dem Projekt positionieren werden, zumal auch diese ansonsten wasserreichen Gegenden immer wieder mal trockenfallen, mit noch unklaren Auswirkungen des Klimawandels. Auch das Nachbarland Bangladesch fürchtet um katastrophale Folgen, da es von Umlenkungen des oberen Brahmaputra direkt betroffen wäre. Die Hoffnung ist derweil, dass das sich wohl über mehr als ein Vierteljahrhundert erstreckende Bauvorhaben durch gründliche wissenschaftliche Untersuchungen begleitet und die erkennbaren ökologischen, politischen und sozialen Hürden einvernehmlich überwunden werden können. Doch auch dann bliebe in Indien die Problematik der übermäßigen Entnahme nicht erneuerbaren Grundwassers bestehen, der das Kanalprojekt Simulationen zufolge wohl kaum abhelfen wird.[57] In einiger Entfernung östlich dieses Geschehens überhört man unterdessen geflissentlich die Warnungen vor den dramatischen ökologischen, land- und fischereiwirtschaftlichen Konsequenzen, die eine Reihe entlang des Mekong in China, Laos und Kambodscha zur Wasserkrafterzeugung geplanter Großstaudämme wohl haben werden. «Es wäre eine Tragödie», so wird der Gewässerökologe Dirk Lamberts zitiert, «wenn eine Region, die Krieg, Genozid, Überschwemmungen und Dürren durchgestanden hat, nun die Resilienz [die Widerstandskraft] ihrer Ökosysteme opfern würde.»[58]

Aber es geht auch anders. Eine direkte Reaktion auf die negativen Auswirkungen des harten Pfads ist der Rückbau von Staudämmen (neben der Renaturierung von Flüssen, wie sie auch in Deutschland betrieben wird).[59] Vor allem in den USA, wo die Hälfte (!) der rund 85 000 bekannten großen und kleinen Staudämme nicht mehr zweckmäßig betrieben oder den modernen Sicherheits- und Umweltstandards nicht länger gerecht werden, findet derzeit eine solche Trendumkehr statt. Auch hier werden mögliche Erdbeben als Argument in der Entscheidungsfindung eingebracht: Während in China heiß diskutiert wird, ob Staudämme Beben auslösen können, steht der San-Clemente-Damm in Kalifornien auf der schwarzen Liste, weil seine Standkraft gegenüber Erdbeben angezweifelt wird.[60] Aus welchen Gründen auch immer – in den USA sind in den vergangenen 20 Jahren mehr als tausend Dämme abgerissen worden, und zwar nicht nur kleine, sondern zunehmend auch größere wie der 64 Meter hohe Glines-Canyon-Damm im Staate Washington. Als eine erwünschte Folge wird eine relativ rasche Rückkehr der ursprünglichen Fischarten beobachtet, und entgegen entsprechenden Befürchtungen führt der Abbau der Dämme in vielen Fällen zum raschen Austrag von Schlamm statt zu dessen Akkumulation im Flussbett.[61] Aber damit ist nicht garantiert, dass ein Rückbau überall so befriedigend abläuft. Jeder Fluss, jeder Damm, jedes Einzugsgebiet ist anders. Das sind die Lektionen, die uns das Wasser lehrt: Wassermanagement muss an die klimatischen, ökologischen, technologischen, ökonomischen, sozialen und institutionellen Standortbedingungen angepasst sein; und Klima-, Energie-, Umwelt- und Agrarpolitik ist fast immer auch Wasserpolitik.

2.2 Wassernutzung und -verbrauch 1900–2100: Immer weiter, immer mehr?

Welche Mengen an Wasser sind bei den historischen Entwicklungen im Spiel gewesen? Zur Beantwortung dieser Frage sind zunächst einige wenige Begriffsdefinitionen nötig. Unter «Wassernutzung» versteht man die Entnahme von blauem Wasser aus Flüssen, Talsperren, Seen und dem Grundwasser, wovon allerdings ein größerer Teil wieder recht unmittelbar in die Gewässer zurückfließt. Der «Wasserverbrauch» ist hingegen die tatsächlich aufgebrauchte Menge, die entweder gar nicht, erst viel später oder erst in einiger Entfernung über den Verdunstungs- und Niederschlagskreislauf in das Gewässernetz zurückgelangt. Beide Größen, Wassernutzung und Wasserverbrauch, werden üblicherweise für drei Sektoren angegeben: die Landwirtschaft (speziell die Bewässerung im Nahrungs- und Futtermittelanbau und die – global geringen – auf Bauern- und Schlachthöfen anfallenden Wassermengen), die Industrie (einschließlich Stromerzeugung durch Wasserkraft und Kühlwassernutzung) und den kommunalen Bereich inklusive der privaten Haushalte (Trinkwasser sowie Wasser zum Kochen, Waschen und sanitären Gebrauch). Schließlich gehören auch die Verdunstung von Wasser aus Reservoiren und die Verdunstung von grünem Wasser auf Landwirtschaftsflächen in die Bilanz. Im Einzelnen stellt sich die historische Entwicklung für diese Bereiche (ohne das grüne Wasser) wie in Abbildung 5 illustriert dar.

Aus dieser Abbildung werden vor allem drei Sachverhalte deutlich: der ungebrochene Aufwärtstrend von Wasserentnahme und -verbrauch, die Dominanz der Landwirtschaft in dieser Entwicklung sowie die Annäherung des Gesamtverbrauchs an die (provisorisch bezifferte) planetare Grenze. Sehen wir uns zunächst die jährlichen Gesamtsummen an. Diese sind von 1900 bis 2010 um fast das Siebenfache gestiegen, stärker noch als die Weltbevölkerung: die Entnahme auf knapp 3650 km³ und der Verbrauch auf rund 1620 km³ (nach anderen Schätzmethoden[63] auch rund 2200 km³/a). Besonders rasant vollzog sich der Anstieg seit den 1950er Jahren – eines der vielen typischen Merkmale der «Großen Beschleunigung» jener Zeit und des Anthropozäns überhaupt. Diese Entwicklung ist hauptsächlich getrieben durch das starke globale Bevölke-

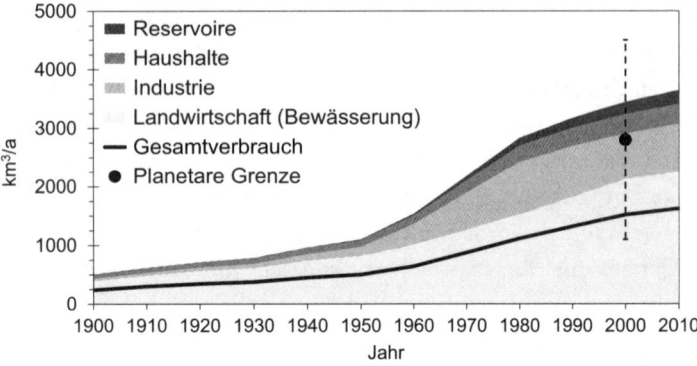

Abbildung 5: Globale Entwicklung der sektoralen Entnahme (graue Flächen) und des gesamten Verbrauchs (schwarze Linie) von blauem Wasser seit 1900.[62] Der Punkt markiert die einstweilig neu bestimmte Position der planetaren Grenze für den Wasserverbrauch (2800 km³/a) und der gestrichelte Balken deren Unsicherheitsbereich, der auch die vormalige Schätzung von 4000 km³/a einschließt.

rungswachstum und den damit verbundenen höheren Wasserbedarf in Kombination mit den Möglichkeiten zur Erschließung von immer mehr Wasservorräten. Entsprechend obiger Definition ist der Wasserverbrauch stets niedriger als die Wasserentnahme, im globalen Mittel um etwa die Hälfte. Generell sind Angaben zum globalen und nationalen Wasserverbrauch mit einer gewissen Vorsicht zu interpretieren, wenn auch die Unsicherheiten nicht ganz so groß sind wie bei den Wasserverfügbarkeitsabschätzungen (Kapitel 1).

Welches auch immer die genauen Werte sind: Sie bleiben weit hinter früheren Befürchtungen zurück. Die ersten, Mitte der 1960er bis Mitte der 80er Jahre erstellten Prognosen gingen noch davon aus, dass die globale Wassernutzung um die Jahrtausendwende auf mindestens 5500 km³/a, möglicherweise aber auch auf doppelt so viel gestiegen sein wird. Niedrigere Mengen schienen damals allerdings auch denkbar für den Fall, dass ein rationellerer, sparsamerer Wassereinsatz erfolge.[64] Tat-

sächlich ist es im Wesentlichen einer vergleichsweise moderaten Bewässerungsexpansion sowie Effizienzsteigerungen und
nennenswerten Einsparungen vor allem im Industrie- und
Haushaltsbereich (einschließlich Möglichkeiten zur Mehrfachnutzung) zu verdanken, dass es nicht so weit gekommen ist
wie einst gedacht.

Die nur eingeschränkt zugänglichen Süßwasservorkommen
der Erde und die Umweltfolgen ihrer noch übermäßigeren
Ausbeutung hätten einer solchen Entwicklung ohnehin Grenzen gesetzt. Schon die tatsächliche, gemäßigtere Entwicklung
hat es schließlich vermocht, den globalen Wasserverbrauch auf
ein Niveau zu heben, das nicht mehr weit von der planetaren
Grenze entfernt ist (Abbildung 5). Diese Leitplanke ist sogar
bereits insofern überschritten, als die Wasserentnahmen in den
ökologischen Wasserbedarf vieler Fließgewässer eingreifen,
wobei das Ausmaß der Überschreitung davon abhängt, welchen Maßstab man für diesen Ökosystembedarf anlegt.

Ungeachtet der noch bestehenden Schwierigkeiten, einen
globalen Grenzwert und dessen Überschreitung zu quanti-
fizieren, ist also nicht zu übersehen, dass die lokalen Toleranzgrenzen in vielen Gegenden ausgereizt sind. Bisherigen Studien zufolge[65] ist rein durch anthropogene Wasserentnahmen
der ökologische Zustand vieler Flussabschnitte in Asien,
Nordamerika, Nordafrika, Europa und Australien bereits
stark beeinträchtigt, indem die für Planktonorganismen, Fische und Vögel wichtige natürliche Variabilität des Abflusses
gestört und die durchfließende Wassermenge vermindert ist.
Zusätzliche «Kollateralschäden» sind die weit verbreiteten
ökologischen Folgen von Schadstoffeinträgen, Flussbegradigungen und anderen Gewässermodifikationen: Nur wenige
Flussläufe befinden sich noch in einem natürlichen Zustand,
manche einst bedeutenden Flüsse sind sogar regelrecht leerge-
schöpft. Das vielleicht bekannteste Beispiel ist der Colorado,

an dessen Unterlauf in den meisten Jahren seit Mitte des letzten Jahrhunderts nur noch wenig oder gar kein Wasser mehr ankommt. Weitere Kandidaten sind der Gelbe Fluss, der Indus, der Nil und der Jordan; nicht zu vergessen der Aralsee und seine Zuflüsse, die der Bewässerung von Baumwollplantagen anheimfielen. Inzwischen sind auch mehr als die Hälfte der großen Speicher fossilen Grundwassers auf bestem Wege, leergepumpt zu werden, so zum Beispiel der Ogallala-Grundwasserleiter, das Central Valley in Kalifornien und Grundwasser führende Schichten in Indien, Pakistan, Libyen, Australien und dem nördlichen China.

Diese Entwicklungen sind insofern sehr besorgniserregend, als die Trinkwasserzufuhr und die bewässerte Nahrungsmittelproduktion für viele Millionen Menschen von diesen Grundwasserkörpern abhängig sind, es in manchen der betroffenen Gegenden derzeit kaum alternative Wasserversorgungsmöglichkeiten gibt, und Wasserengpässe dort rasch zu sozialen Instabilitäten führen können. Da bei Beibehaltung der bisherigen Praktiken in einigen dieser Fälle schon in wenigen Jahrzehnten das Ende der Fahnenstange erreicht sein wird, müssen wir uns endgültig von dem irrigen Glauben verabschieden, die Grundwasservorräte seien quasi unbegrenzt.[66] Weitere Regionen nähern sich ihrem *peak water* – dem Punkt, an dem jede weitere Wassernutzung unrentabel bzw. nachteilig ist – infolge des Klimawandels, also durch geringere Niederschläge oder mittelfristiges Ausbleiben von Gletscherzuflüssen.[67] Oft genug wirken diese Faktoren inzwischen auf ungünstige Weise zusammen: Analysen von mehr als 15 000 Grundwasserentnahmestellen in den USA zeigen etwa, dass infolge des Klimawandels und damit zusammenhängender Dürren immer mehr Menschen auf immer tiefere Grundwasserschichten zurückgreifen, so dass das seit wenigen Jahrzehnten sichtbare Klimasignal sich nun sogar schon in Zustandsänderungen dieser ansonsten durch das Klima allenfalls sehr langfristig beeinflussten Reserven bemerkbar macht.[68]

Betrachten wir nun noch genauer die Nutzung und den Verbrauch von Wasser in den verschiedenen Sektoren. Abbildung 5 zeigt, dass im Laufe der Zeit ein recht deutlicher Anstieg der Haushaltswassernutzung erfolgte, die allerdings nur 10% an der Gesamtnutzung ausmacht. Die privat bzw. kommunal genutzten Pro-Kopf-Mengen sind aber von Land zu Land sehr verschieden. Vor allem in vielen nordafrikanischen, zentralasiatischen und mittelamerikanischen Ländern reichen sie nicht einmal an den nach humanitären Standards unverzichtbaren Mindestbedarf von 20–60 Litern pro Person und Tag heran – wobei es sich dort übrigens vielerorts um Wasser handelt, das von Frauen oder Kindern mühselig, nach oft stundenlangem Anstehen (manchmal mit tödlichem Ausgang), aus kilometerweiter Entfernung herangeschleppt werden muss. In starkem Gegensatz dazu stehen Länder wie die USA, Kanada und Australien mit einem mittleren privaten/gewerblichen Wasserverbrauch von 500 und mehr Litern am Tag (Deutschland bewegt sich mit gut 120 l im Mittelfeld).[69] Die globale Industriewassernutzung zeigte zunächst einen relativ starken Anstieg und ist zuletzt wieder etwas rückläufig; derzeit beläuft sie sich auf 23% der Gesamtnutzung. Anders als in der Landwirtschaft fließt ein Großteil des für Industrie und Haushalte genutzten Wassers zurück, wenngleich teilweise verschmutzt; daher ist der Verbrauch in diesen Sektoren vergleichsweise niedrig (zusammen 12% des Gesamtverbrauchs). Wegen der weltweiten Zunahme der Reservoire ist auch die Verdunstung von deren Wasseroberflächen auf nunmehr über 230 km³/a gestiegen.

Schließlich gehen immer noch fast zwei Drittel der Nutzung und drei Viertel des Verbrauchs von blauem Wasser auf das

Konto der Bewässerungslandwirtschaft. Die hohen Mengen (geschätzte 2250 km³ Entnahme und knapp 1200 km³ Verbrauch im Jahr 2010) haben damit zu tun, dass in vielen Regionen die Produktion von Nahrungsmitteln mit einer hohen Verdunstung während der Wachstumsphase der Pflanzen verbunden ist. Zudem hat sich die weltweite Bewässerungsfläche zwischen 1900 und 1950 fast verdoppelt und dann bis 2005 nochmals nahezu verdreifacht. Heute sind bereits über 300 Millionen Hektar zur Bewässerung von Reis, Weizen, Mais, Baumwolle und anderen Anbauprodukten erschlossen; das ist fast ein Viertel der globalen Ackerfläche.

Regional verlief die Entwicklung jedoch sehr unterschiedlich. Beispielsweise ging in der Nachwendezeit in Mittel- und Osteuropa die Bewässerungsfläche zurück, was jedoch durch Ausweitungen in anderen Regionen der Welt überkompensiert wurde.[70] Mit der Ausdehnung der unbewässerten Landwirtschaftsfläche wurden im Laufe der Zeit auch erhebliche Mengen grünen Wassers unter eine menschliche Nutzung gestellt: fast 8000 km³ auf Ackerflächen und über 12 000 km³ auf Weideflächen (dazu unten mehr). Durch Einbeziehung der Nahrungsmittel ergibt sich für westliche Industrienationen übrigens eine Wassernutzung (blaues und grünes Wasser) von fast 4000 Litern pro Kopf und Tag – also gewaltig mehr als die sonstige im Alltag anfallende Menge.

Die Frage, welchen Anteil das Grundwasser an der menschlich genutzten Wassermenge hat, ist schwierig zu beantworten, denn die jährlich entnommene Grundwassermenge ist besonders schwer zu schätzen. Global dürfte sie aber zwischen 600 und 1100 km³/a liegen und somit bis zu einem Drittel der gesamten Entnahmen abdecken, wobei sie die primäre Wasserquelle für über zwei Milliarden Menschen darstellt. Zu rund 200–800 km³/a handelt es sich bei diesen Entnahmen um fossiles Grundwasser, was im Laufe der Zeit zu dem bereits problematisierten Schwund dieser nicht erneuerbaren Vorräte führt.[71] Früher oder später gelangt dieses alte, dem Wasserkreislauf frisch zugeführte Wasser in die Ozeane. Mengenmäßig ist das offenbar genug, um einen nachweisbaren Beitrag zum weltweiten Meeresspiegelanstieg zu leisten, doch dieser Effekt wird zurzeit noch durch den Rückhalt ähnlich hoher Wassermengen in den vielen Staudämmen weitgehend ausgeglichen[72] – ein Beispiel dafür, auf wie vielfältige Weise die menschlichen Eingriffe den natürlichen Wasserkreislauf über Land und Meer mittlerweile verändern.

Eine weitere, bis vor wenigen Jahrzehnten unzugängliche Wasserreserve ist übrigens das Meerwasser selbst, das in mittlerweile rund 15 000 vorwiegend an Küstenstreifen angesiedelten Anlagen entsalzen werden kann. Bis dato sollen solche Entsalzungsanlagen mehr als 38 km³ Meerwasser in brauchbares Süßwasser umwandeln, was einer Verdopplung der globalen Kapazität seit 2008 entspricht. Weitere deutliche Steigerungen werden für die kommenden Jahrzehnte erwartet.[73] Neue Untersuchungen zeigen auch, dass die unter dem Meeresboden vor den Küsten Australiens, Chinas, Nordamerikas und Südafrikas vorhandenen Süßwasservorräte viel reichhaltiger sind als bisher vermutet; sie liegen womöglich in einer Größenordnung von 500 000 km³. Sie wurden vor über 20 000 Jahren im Laufe des jüngsten Eiszeitalters gebildet, als der Meeresspiegel um bis zu 130 Meter tiefer lag als heute, und dann von wasserdichten Ton- und Sedimentschichten konserviert.[74]

Wie sich die Wassernutzung und der Wasserverbrauch in den einzelnen Ländern und global in Zukunft entwickeln werden, ist noch weitgehend offen und lässt sich nur mittels mehr oder weniger ausgeklügelter Wenn-Dann-Szenarien erkunden. Zu sehr hängt diese Entwicklung von der Bevölkerungsentwicklung, den Lebensstilen, den in den verschiedenen Sektoren

zum Einsatz kommenden Wassertechnologien, den als schüt-
zenswert erachteten Wasservorkommen und schließlich den
überhaupt noch zusätzlich nutzbaren Wassermengen ab. Zwar
dürfte der Pro-Kopf-Verbrauch in vielen Ländern wie bisher
insgesamt weiter rückläufig sein, eng gekoppelt an das Bruttonationaleinkommen und die Einführung entsprechender wassersparender Technologien. Aber diese Einsparungen können
dadurch zunichtegemacht werden, dass der globale Wasser-
und Nahrungsmittelbedarf voraussichtlich weiter steigen wird,
nicht nur wegen des Bevölkerungswachstums an sich, sondern
auch wegen der vor allem in Trockengebieten rasant wachsenden Mittelklasse, die sich wasserintensive Produkte aller
Art wird leisten wollen. Zudem produziert der fortschreitende
Klimawandel aller Wahrscheinlichkeit nach einen höheren
Wasserbedarf, dem freilich in zunehmendem Maße Wasser-
limitierungen gegenüberstehen.

Neuesten Modellsimulationen zufolge, die ein weites Spektrum zukünftiger demografischer, technologischer und klima-
tischer Entwicklungen abdecken, wird die gesamte Wasserentnahme um die Jahrhundertmitte bei 4200–8800 km³ und
zum Jahrhundertende bei 3800–11 500 km³ pro Jahr liegen.[75]
Demgemäß wird sie sich nur unter den alleroptimistischsten
Szenarien in derselben Größenordnung wie heute bewegen.
Die Extremszenarien suggerieren hingegen ein Niveau, wie es
in den 1960er und 70er Jahren für die Jetztzeit prognostiziert
worden war. Fast die Hälfte der berücksichtigten Szenarien
zeigen einen korrespondierenden Wasserverbrauch von über
3000 km³/a.

Jedoch ist zu bezweifeln, dass Szenarien, die eine annähernde
Verdopplung der globalen Wasserentnahme im Vergleich zu
heute suggerieren, Realität werden können. Zum einen stehen,
wie im ersten Kapitel gezeigt, solche Mengen eigentlich nicht
mehr oder nur unter weiterer immenser Schädigung von Öko-

systemen zur Verfügung. Zum anderen ist es durchaus möglich, dass es wegen Wassermangels gar nicht zu den in solchen Szenarien implizit angenommenen Industrialisierungsschüben und landwirtschaftlichen Expansionsbestrebungen kommt. Ein Problem ist nämlich, dass die konkreten Wasserabhängigkeiten und -limitierungen gesellschaftlicher Entwicklungen, die Anpassungsmöglichkeiten und generell die Dynamik von Mensch-Wasser-Interaktionen in globalen hydrologischen, demografischen und landwirtschaftlichen Produktionsmodellen unzureichend abgebildet sind. Nichtsdestotrotz besagt die große Spannbreite der bisher vorliegenden Zukunftsprojektionen, dass die Menschheit die tatsächliche Entwicklung noch weitgehend in der Hand hat. Die enorme Herausforderung dieses Jahrhunderts ist, den Wasserverbrauch der Landwirtschaft, der verschiedenen Industrien und der Haushalte so zu begrenzen bzw. zu gestalten, dass die ökologischen Toleranzgrenzen eingehalten werden (und gleichzeitig die Nahrungsmittelproduktion noch gesteigert werden kann). Für die Landwirtschaft sehen wir uns die wichtigsten Stellschrauben und möglichen zukünftigen Entwicklungspfade im Verlauf noch sehr genau an. Doch zunächst zur Bilanz der heutigen Situation.

2.3 Bewässerte und unbewässerte Land- und Viehwirtschaft heute

Ebenso wie Kälte, Lichtmangel, Nährstoffmangel und Schädlingsbefall verhindert Wassermangel ein optimales Pflanzenwachstum. Deshalb werden Äcker gern künstlich bewässert. Die klimabedingte Wasserlimitierung ist je nach Region allerdings sehr unterschiedlich ausgeprägt. Kulturpflanzen in den feuchten Tropen und in größeren Teilen der mittleren bis hohen Breiten sind weniger wasser- als vielmehr licht- oder temperaturlimitiert, was jedoch nicht ausschließt, dass zeitweise auch dort gravierender Wassermangel herrscht. In den Subtropen ist die landwirtschaftliche Produktion wegen der natürlichen Trockenheit grundsätzlich stark eingeschränkt. Besonders dort ist also die Bewässerung – soweit durchführbar – im wahrsten Sinne des Wortes ertragreich. Im globalen Durchschnitt wurden um das Jahr 2000 etwa 2,7 Tonnen Getreide pro Hektar eingefahren, auf den bewässerten Feldern waren es 4,4 t/ha. Ein gänzlicher Verzicht auf jegliche Bewässerung würde Einbußen des globalen Getreideertrags in einer Größenordnung von 15–20% bedeuten.[76]

Derzeit werden jedoch nur etwa 80% der zur Bewässerung erschlossenen Flächen auch so genutzt. Auf den übrigen Flächen ist mittlerweile zu wenig brauchbares Wasser verfügbar, die Böden sind durch übermäßige bzw. schlecht durchgeführte Beregnung versalzen, oder eine Bewässerung wäre aus anderen Gründen schlichtweg unrentabel. Besonders verbreitet ist die Bewässerung landwirtschaftlicher Pflanzen in Ländern Süd- und Ostasiens (darunter China, Indien) sowie im Südwesten der USA. Dies sind Gegenden, wo – noch – genügend blaues Wasser aus tiefen Grundwasserreservoiren angezapft oder aus niederschlagsreichen Bergregionen durch Staudämme und Pipelines herbeigeschafft werden kann, um dem recht heißen und trockenen Klima vor Ort zu trotzen. Ohne die Bewässerung geht in diesen Agrarregionen nichts.

Über die Mengen des aus dem Grundwasser oder aus Oberflächengewässern entnommenen Wassers entscheiden nicht nur die derzeitigen räumlichen Muster der Bewässerungsflächen, sondern auch die Klima- und Bodeneigenschaften, die Sortenwahl und die Bewässerungstechniken. Die Wasserentnahme ist zwangsläufig immer höher als der eigentliche pflanzenphysiologische Bewässerungsbedarf, weil ein mehr oder

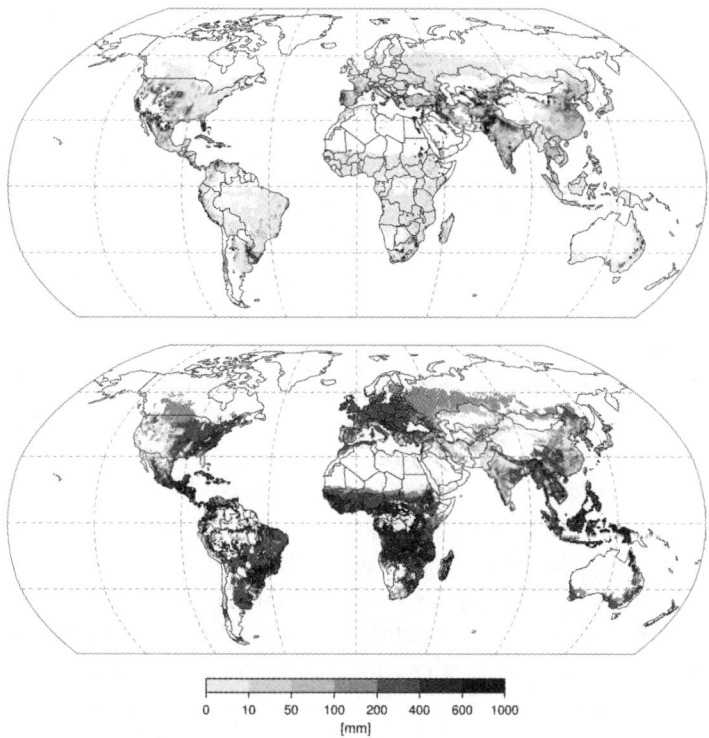

0   10   50   100   200   400   600   1000
[mm]

Abbildung 6: Jährlicher Verbrauch von blauem (oben) und grünem Wasser (unten) während der Wachstumsperioden landwirtschaftlicher Nutzpflanzen, jeweils gemittelt über die gesamte Ackerfläche (ohne Weideland). Angaben in mm (=l/m²), Durchschnitt 1971–2000.[78]

weniger großer Teil des einmal entnommenen nassen Guts auf dem Weg zur Pflanze verloren geht. Dies passiert meist durch Verdunstung direkt aus dem Boden oder aus offen stehenden Zuleitungswegen, durch Versickerung (Lecks) oder durch oberflächlichen Abfluss (wovon aber ein Teil zur Entnahmestelle zurückfließen kann). Das Verhältnis zwischen Wasserentnahme und Wasserverbrauch wird also wesentlich durch die Bewässerungseffizienz des zum Einsatz kommenden Verfahrens bestimmt. Die Effizienz ist im weltweiten Mittel mit unter 40% recht gering. So erklärt sich die obige Feststellung, dass global etwa doppelt so viel Wasser zur Bewässerung entnommen wird wie eigentlich von den Pflanzen benötigt.[77] Das entsprechende Optimierungspotential und auch die Möglichkeiten zur Bewässerung weiterer Flächen beschäftigen uns noch in Kapitel 6. Hier genügt zunächst die Beobachtung, dass sich die Gebiete höchsten Blauwasserverbrauchs in Südasien konzentrieren, wo einerseits große Flächen bewässert werden und sich andererseits das heiße Klima durch hohe Verdunstungsraten bemerkbar macht (Abbildung 6).

Wie bereits angemerkt, ist zur Erfassung und Beurteilung des gesamten landwirtschaftlichen Wasserverbrauchs der Einbezug des grünen Wassers unerlässlich. Während beispielsweise Dattelpalmen, Reis, Zuckerrohr und Baumwolle vielfach bewässert werden, geschieht der Anbau von Kulturen wie Kakao, Maniok oder Ölpalmen fast überall im Regenfeldbau, der naturgemäß besonders dort verbreitet ist, wo Wasser ein wenig limitierender Faktor ist. Außerdem sollte das Wasser auf den mit Kühen, Schafen, Ziegen und Geflügel in Freilandhaltung bewirtschafteten Grasflächen insoweit in die Gesamtbilanz einbezogen werden, als es zur Produktion tierischer Produkte (Fleisch, Milch, Eier usw.) beiträgt.

Tabelle 1 zeigt, wie sich der globale land- und viehwirtschaftliche Verbrauch grünen und blauen Wassers zurzeit zusammensetzt (in der Summe sind dies die in Abbildung 4 für Acker und Grasland aufgeführten Werte). Es wird deutlich, dass der Anbau von Lebensmitteln und Futtermitteln zu fast 90% von grünem Wasser zehrt. Das liegt vor allem daran, dass weniger als ein Viertel der globalen Ackerfläche bewässert ist (wobei auf diesen Flächen fast immer auch grünes Niederschlagswasser beteiligt ist). Von den vorwiegend mit Wiederkäuern bewirtschafteten Weiden und anderen marginalen Standorten verdunstet sogar fast ausnahmslos grünes Wasser, denn dort spielt Bewässerung praktisch keine Rolle.

Nutzungsart	Globaler Verbrauch (Kubikkilometer pro Jahr)		
	Grünes Wasser	Blaues Wasser	Gesamt
Ackerland	**7880**	**1130**	**9010**
davon Lebensmittel	2460	850	3310
davon Futtermittel	1180	200	1380
davon Brachland	3820	—	3820
davon Verluste und andere Nutzungen	420	80	500
Bewirtschaftetes Grasland	12 420	30	12 450
davon für von Nutztieren konsumierte Biomasse	**1640**	**30**	**1670**
davon für weitere Ökosystemleistungen	10 780	—	10 780
Trink- und Verbrauchswasser in Viehhaltung	—	30	30
Summe	**9520**	**1190**	**10 710**

Tabelle 1: Verbrauch grünen und blauen Wassers für Land- und Viehwirtschaft um das Jahr 2000.[79]

Über diese groben Bilanzen hinaus stellt sich die Frage, wie viel Wasser denn in die Erzeugung ganz bestimmter Nahrungsmittel einfließt: Macht es einen Unterschied, ob auf einem bestimmten Feld Weizen oder Soja angebaut wird? Oder – diesen Gedanken weiter gesponnen – ob Sie heute Morgen 100 Gramm Wurst, Käse oder Marmelade zum Frühstück gegessen haben? Was bedeutet es, dass Fleischkonsum ungleich mehr Wasser beansprucht als ein vegetarischer Lebensstil?

Und ist in einer Tasse Kaffee eigentlich viel mehr Wasser enthalten als nur das bei der Zubereitung aufgebrühte, weil ja die Kaffeebohnen in ihrem Wachstums- und Veredelungsprozess ebenfalls Wasser benötigen? Diese Überlegungen führen zurück zu dem bereits eingeführten Begriff des virtuellen Wassers.

2.4 Wasserfußabdruck von Agrarprodukten und virtueller Wasserhandel

Der virtuelle Wassergehalt eines Produkts ist die Gesamtmenge an Wasser, die bei dessen Erzeugung anfällt. Diese wird meist in Litern pro Kilogramm bzw. Kubikmetern pro Tonne angegeben (umgekehrt besagt die «Wasserproduktivität», wie viel pro Liter produziert werden kann). Außerdem wird die absolute (virtuelle) Wassermenge, die für ein Produkt, von einer Person, innerhalb eines Landes oder innerhalb eines Unternehmens verbraucht wird, oft als «Wasserfußabdruck» bezeichnet (angelehnt an das etablierte Konzept des ökologischen Fußabdrucks). Welche Einheit auch immer verwendet wird: Die Berechnung kann schnell ziemlich kompliziert werden, muss man doch wissen, wo und unter welchen klimatischen und technologischen Bedingungen das Produkt angebaut wird; wie lange die Wachstumsphase ist bzw. wie viel Wasser in diesem Zeitraum verdunstet; ob die Anbauflächen bewässert werden, d. h. welche Anteile blaues und grünes Wasser an der Verdunstung haben; und ob während der Weiterverarbeitung des Rohprodukts zusätzliches Wasser anfällt.

Die Vielfältigkeit des Wasserverbrauchs entlang der gesamten Produktionskette wird besonders bei tierischen Produkten offenkundig. Im Laufe seines Lebens verzehrt ein Nutztier eine große Menge an wasserintensivem Futter verschiedener

Zusammensetzung und Herkunft. Es braucht Wasser zum Trinken, und es wird Wasser für Reinigungszwecke usw. im Schlachthof eingesetzt. Der Niederländer Arjen Hoekstra und Kollegen haben dies vorgerechnet:[80] In der industriellen Nutztierhaltung wird ein Rind nach durchschnittlich drei Jahren geschlachtet und liefert ca. 200 kg Fleisch (ohne Knochen). Bis dahin hat es fast 1300 kg Getreide sowie 7200 kg Gras, Heu und anderes Raufutter gefressen, worin eine virtuelle Wassermenge von über 3000 m^3 (also über 3 Millionen Litern) steckt. Der Trink- und Stallwasserverbrauch von zusammen 31 m^3 nimmt sich dagegen geradezu bescheiden aus (vgl. auch Tabelle 1). Umgerechnet ergibt sich ein durchschnittlicher virtueller Wassergehalt von über 15 000 Litern pro Kilogramm Rindfleisch. Das ist weitaus mehr, als von rein pflanzlichen Produkten beansprucht wird (z. B. Kartoffeln 250 l/kg, Äpfel 700 l/kg) und auch das Drei- bis Vierfache der für 1 kg Schweinefleisch oder Geflügel benötigten Menge. Im Ganzen wird für eine Gewichts-, Kalorien- oder Proteineinheit tierischer Produkte also erheblich mehr Wasser verbraucht als für eine Einheit direkt konsumierter pflanzlicher Produkte. Die krassen Unterschiede kommen dadurch zustande, dass nur maximal 15 % der von den Nutztieren über ihre pflanzliche Nahrung aufgenommenen Energie in Fleisch, Milch oder Eier umgesetzt wird (je nach Tierart, Haltungsmethode, erzeugtem Produkt und Futtermix). Die besagte Tasse Kaffee kommt übrigens auf einen Wasserfußabdruck von 140 Litern, ein einzelnes Frühstücksei kommt auf eine ähnlich hohe Menge. Sie ahnen es schon: Es gibt inzwischen ausgefeilte Bilanzierungen für Produkte aller Art (von der Baumwoll-Jeans bis zur Pizza Margherita), mittels derer Sie Ihren eigenen Wasserfußabdruck berechnen können.[81]

Im globalen Zusammenhang sind nun zweierlei Dinge von besonderer Bedeutung: erstens die Differenzierung in grünes und blaues Wasser (die mit darüber entscheidet, wie «schlimm» es eigentlich ist, dass einige Produkte durch sehr hohe virtuelle Wassergehalte hervorstechen); und zweitens die regionalen Unterschiede (die die Frage aufwerfen, ob Güter mit hohem virtuellen Wassergehalt eher in wasserreichen Ländern angebaut und in wasserknappe Länder exportiert werden sollten).

Zu Ersterem: Wie bereits festgestellt (vgl. Tabelle 1), beruht ein Großteil der Nahrungsmittelproduktion auf grünem Wasser. Das betrifft insbesondere die Freilandhaltung mit Wiederkäuern, die durch hohen Flächenbedarf und niedrige Wasserproduktivität charakterisiert ist (weil die beweglicheren Tiere mehr fressen als Stallvieh, bevor sie ihr Schlachtgewicht erreicht haben). Die Unterscheidung in grünes und blaues Wasser ist bedeutsam, da das – ohne den «Umweg» einer Bewässerung – über den Acker- und Weideflächen niedergegangene und in den Boden eingedrungene Regenwasser im Gegensatz zu blauem Wasser schwerlich anders verwendbar ist, es also keine direkte Konkurrenz um das Wasser gibt. Zudem stützt sich die Freilandhaltung hauptsächlich auf marginale Flächen, die außer der Beweidung kaum anderweitige Möglichkeiten zur Nahrungsmittelproduktion zulassen. Sicherlich könnten bestimmte Flächen zwar aufgegeben werden mit dem Ziel, darauf einen natürlichen Wald- oder Grasbestand zu etablieren. Aber auch in diesem Falle verdunstet ja weiterhin dort befindliches grünes Wasser. Mit anderen Worten: Solange keine Bewässerung im Spiel ist, beschränken sich mögliche Nutzungsalternativen auf die Landnutzung, während die Wassernutzung wenig kontrollierbaren Spielraum zulässt.

Eine Schlussfolgerung daraus ist, dass Zahlenangaben zum virtuellen Wassergehalt mit Vorsicht zu genießen sind. Um sie richtig einzuordnen, ist der grüne Wasseranteil stets mitzudenken. Dies kompliziert beispielsweise die eben getroffene Feststellung, dass die Erzeugung einer bestimmten Menge Fleisch wesentlich mehr Wasser benötigt als die Erzeugung derselben Menge vegetarischer Produkte: Wegen des hohen Grünwasseranteils in der Fleischproduktion suggerieren direkte Gegenüberstellungen des gesamten virtuellen Wassergehalts (bzw. des Wasserfußabdrucks) eine Problematik aufseiten der Fleischproduktion, die rein aus Wassersicht – andere Probleme außen vor gelassen![82] – unter Umständen gar nicht so dramatisch ist. Nichtsdestotrotz wird über ein Drittel des weltweit (teils unter Bewässerung) produzierten Getreides als Futter verwendet. Der zugehörige Bewässerungsbedarf macht mit 200 km³/a immerhin fast 20% des gesamten Verbrauchs an blauem Wasser aus (Tabelle 1). Wo es die Möglichkeiten zulassen, könnte dieses blaue Wasser anders bzw. effektiver genutzt werden – etwa zur Bewässerung von für direkten menschlichen Verzehr bestimmten Feldfrüchten. Gegen industrielle Fleischproduktion spricht auch, dass die darin eingesetzten (ggf. importierten und unter wasserverschmutzendem Düngereinsatz hergestellten) Futterkonzentrate einen etwa fünfmal so hohen virtuellen Wassergehalt wie das von Weidetieren gefressene Raufutter aufweisen – mit hohem Blauwasseranteil.[83]

Einsparungen blauen Wassers sind natürlich vor allem in eher trockenen Regionen sinnvoll sowie dort, wo es bevorzugt für nichtlandwirtschaftliche Zwecke oder für Gewässerökosysteme zurückgehalten werden sollte. Dies legt nahe, dass zur Bewertung eines Wasserfußabdrucks nicht nur der grüne Anteil wichtig ist, sondern auch, ob der blaue Anteil aus wasserarmen Regionen stammt, wo jeder Tropfen auch für andere, eventuell wichtigere Dinge benutzt werden könnte. Dementsprechend werden Berechnungsvarianten diskutiert, die beispielsweise den blauen Fußabdruck mit der Wasserknappheit am Produktionsort gewichten. Aber sind Gewichtungen von Regionen der richtige Ansatz? Wie und nach welchem Gerechtigkeitsprinzip sollte man diese festlegen? Wiegt letztlich nicht doch jeder vom Menschen genutzte Tropfen (egal, wo, und egal, ob grün oder blau) gleich stark? Die menschliche Wasseraneignung in ihrer Unterschiedlichkeit adäquat zu erfassen bleibt eine spannende wissenschaftliche und zunehmend praxisrelevante Diskussion.[84]

Zum angesprochenen Aspekt der regionalen Unterschiede des virtuellen Wassergehalts bietet Tabelle 2 einen Vergleich verschiedener Produkte und Länder. Die aufgeführten Beispiele verdeutlichen zunächst nochmals die schon genannten markanten Unterschiede zwischen verschiedenen Produkten innerhalb ein und desselben Landes. Der Vergleich zwischen Milch und Käse zeigt ferner, dass der Wasserverbrauch im Zuge von Weiterverarbeitungsprozessen zwangsläufig ansteigt. Darüber hinaus sind erhebliche Unterschiede zwischen Ländern ersichtlich: Beispielsweise wird in Indien für den Anbau einer bestimmten Getreidemenge drei- bis fünfmal so viel Wasser gebraucht wie in den Niederlanden. Auch in der Fleischproduktion zeigen sich zum Teil erhebliche Unterschiede, die vor allem von den klimatischen Bedingungen und der landwirtschaftlichen Bewirtschaftungsweise abhängen: je heißer die Anbaugegend und je ineffizienter das Boden- und Wassermanagement (beides führt zu hohen Verdunstungsverlusten), umso höher der virtuelle Wassergehalt.

Logischerweise, könnte man sagen, ergibt sich der gesamte Wasserfußabdruck eines Landes aus der Summe der Wasserfußabdrücke aller inländisch produzierten Güter. Das allerdings ist zu kurz gedacht, denn was ist mit den Importwaren? Erst die Summe des sogenannten «internen» und «externen» Wasserfußabdrucks ergibt den gesamten Wasserfußabdruck! Ersterer ist die Wassermenge, die innerhalb der Landesgrenzen zur Produktion jener Güter verbraucht wird, die auch tatsächlich im Land konsumiert werden. Demgegenüber ist der externe Wasserfußabdruck die Gesamtwassermenge, die in den

Produkt	Virtueller Wassergehalt (Liter pro Kilogramm)				
	USA	Indien	Italien	Nieder-lande	Global (Mittel)
Weizen	849	1654	2421	619	1300
Mais	489	1937	530	408	900
Sojabohnen	1869	4124	1506	–	1800
Rindfleisch	13193	16482	21167	11681	15500
Eier	1510	7531	1389	1404	3300
Milch	695	1369	861	641	1000
Käse	3457	6793	4278	3190	4900

Tabelle 2: Mittlerer virtueller Wassergehalt (l/kg) verschiedener landwirtschaftlicher Produkte in ausgewählten Ländern.[85]

verschiedenen Herkunftsländern für die Erzeugung der vom betrachteten Land importierten Waren verbraucht wurde. Global beliefen sich die virtuellen Wasserexporte bzw. -importe (die in der Summe dasselbe sind) im Zeitraum 1997–2001 auf gut 1600 km³/a; fast 80% davon entfielen auf den Agrarhandel.[86] Bedeutende Exportregionen blauen Wassers sind gemäß der bisher am feinsten aufgelösten globalen Studie[87] die Bewässerungsregionen Indiens, Pakistans und Ostchinas, der Mittlere Westen der USA und auch Spanien. Hingegen gehören Südindien, Zentralchina und Mitteleuropa zu den Hauptimporteuren blauen Wassers. Grünes Wasser wird aus vielen Gegenden in der ganzen Welt exportiert. Bedeutende Zielregionen sind der Osten der USA und Mitteleuropa. Dabei werden übrigens ganz unterschiedliche Distanzen überbrückt, wie dieselbe Studie am Beispiel von Großstädten zeigt: Berlin bezieht Nahrungsmittel – überwiegend mit grünem Wasser produziert – aus einer mittleren Entfernung von über 4000 Kilometern. Das schließt die ganze Spanne von der Kartoffeleinfuhr aus dem Brandenburger Umland bis zum Kaffee- und

Sojabohnen-Import von der Südhalbkugel ein (60% der Importe sind aus dem Ausland). Hingegen stammen die in der indischen Großregion Delhi und der nigerianischen Hauptstadt Lagos konsumierten landwirtschaftlichen Produkte zu über 95% aus dem jeweiligen Land, im Mittel aus einem Umkreis von ein paar hundert Kilometern (im Falle Delhis mit hohem Blauwasseranteil, da aus den besagten nahe gelegenen Bewässerungsgebieten bezogen). Und noch mehr Wissenswertes kann man aus dem Zahlenmaterial der Studie extrahieren: Pro Kopf «essen» die Berliner deutlich mehr Wasser (643 m³/a) als die Bewohner Delhis, weil sie unter anderem – anders als die Inder – viele Fleischprodukte (das Vieh genährt vom wasserintensiven Futtermittel Soja!) auf dem Speiseplan stehen haben.

Stellt man dem externen Wasserfußabdruck – oder anders ausgedrückt, dem «virtuellen Wasserimport» – eines Landes seinen «virtuellen Wasserexport» (also die im Land für Exportwaren verbrauchte Wassermenge) gegenüber, ergibt sich die Nettobilanz des virtuellen Wasserhandels. Diese kann pro Land oder pro Einwohner aufgestellt werden, und natürlich ist auch die Differenzierung in grüne und blaue Wasseranteile möglich. Wer sich für Einzelheiten interessiert, mag die zahlreichen Tabellen und Karten in der einschlägigen Literatur studieren. Hier ist vor allem eins wichtig: Bei einigen Dutzend Ländern (u. a. Jordanien, Israel, der Schweiz, Polen, Indonesien, Kanada) ist der externe blaue und/oder grüne (landwirtschaftliche) Wasserfußabdruck größer als der interne, sie konsumieren sozusagen mehr Wasser aus anderen Ländern als Wasser von ihrem eigenen Territorium. In manchen Fällen heißt dies, dass der virtuelle Wasserhandel Ländern, denen es schlichtweg an Wasser (und urbarem Land) zur Produktion von genügend Nahrungsmitteln fehlt, dennoch eine entsprechende Versorgung ermöglicht. Dies aber ist ein zweischneidiges Schwert: Einerseits ist lange nicht jedes Land am virtuellen

Wasseraustausch beteiligt; arme Länder profitieren nur partiell und unregelmäßig von den Vorteilen des virtuellen Wasserhandels. Der weitaus größte Anteil des Welthandels findet zurzeit zwischen den reicheren Ländern statt, die entweder keine ernsthaften Wasserkrisen zu befürchten haben oder über weitere Anpassungsmöglichkeiten verfügen. Andererseits begeben sich viele wasserarme Länder in Abhängigkeiten, so ungern oder ungläubig sie dies auch realisieren – Tony Allan hat mit seiner Aufdeckung dieser Angewiesenheit auf internationale virtuelle Wasserimporte sozusagen in ein Wespennest gestochen. Jedenfalls ist es seit ein paar Jahrzehnten so, dass fast alle Länder des Nahen Ostens und der Arabischen Halbinsel sowie einige nordafrikanische Länder ihre Nahrung mangels Wasser nicht selbst produzieren könnten.[88] Dabei ist der Wassermangel nicht einmal der hauptsächliche Beweggrund des virtuellen Wasserhandels: Im Großen und Ganzen folgt der internationale Güteraustausch ganz anderen Regeln als dem Gefälle zwischen Wasserüberschuss- und Wasserdefizitgebieten.[89]

Schließlich ist noch festzuhalten, dass der virtuelle Wasserhandel nicht bloß regionale Ungleichheiten ausgleichen, sondern sogar den (globalen) Wasserverbrauch mindern kann. Dies ist dann der Fall, wenn Waren dort hergestellt bzw. Nahrungsmittel dort angebaut werden, wo deren Wasserproduktivität eher hoch ist, und sie dann in weniger wasserproduktive bzw. wasserarme Regionen exportiert werden. Virtueller Wasserhandel eröffnet also die Möglichkeit, die regional unterschiedlich produktiv nutzbaren Wasserressourcen global möglichst effizient einzusetzen, unterm Strich also Wasser einzusparen. Wie schon gesagt, involviert der internationale Handel mit Agrarprodukten pro Jahr fast 1300 km³ grünes und blaues virtuelles Wasser. Wären die gehandelten Produkte stattdessen in den jeweiligen Importländern selbst produziert worden, hätte dies indes einen höheren Wasserverbrauch (fast

1600 km³/a) bedeutet. Der virtuelle Wasserhandel führt also faktisch zu einer weltweiten Wassereinsparung in einer Größenordnung von mehreren hundert Kubikkilometern pro Jahr, was rund 5% des globalen landwirtschaftlichen Wasserverbrauchs entspricht (Tendenz zunehmend).[90] Dazu trägt hauptsächlich der Getreidehandel bei, weil dieser einen Großteil des Handelsvolumens ausmacht, und weil die Länderunterschiede bezüglich des virtuellen Wassergehalts für Getreide besonders ausgeprägt sind (Tabelle 2).

Es gibt meines Wissens noch keine globale Studie, die die Einsparung einwandfrei auf das involvierte blaue und grüne Wasser aufteilen konnte. Allemal illustrativer ist ein Blick auf inländische oder binationale Handelsbeziehungen, die belegen, dass im Idealfall (sowohl aus Wasserressourcen- als auch aus ökonomischer Sicht) ein Handel aus wasserreichen Gebieten ohne Bewässerungsnotwendigkeit in regenarme Gebiete stattfindet. Aber es gibt auch eine Menge Beispiele, die in die Gegenrichtung laufen. Typische Fälle sind Trockenregionen, in denen für den Export bestimmte Produkte unter wenig wasserproduktiven Bedingungen bewässert werden (darunter Tomaten im trockenen Südspanien und Schnittblumen in Kenia). Dies geht oft auf Kosten anderweitiger Wassernutzungen und der Ökosysteme und/oder führt zum Nachteil der globalen Bilanz, falls Handelsbeziehungen in einem Nettoverbrauch statt einer Nettoeinsparung von Wasser resultieren. Das größte Desaster, das eine übermäßige Wassernutzung für Exportgüter bisher ausgelöst hat, ist das weitgehende Verschwinden des Aralsees: Zur Bewässerung riesiger Baumwollfelder getätigte Wasserentnahmen aus den Zuflüssen Syr-Darja und Amu-Darja haben dessen Volumen zwischen 1960 und 2000 um sage und schreibe 80% schrumpfen lassen. Eine aktuelle globale Studie weist auch darauf hin, dass der bewässerte Anbau von Exportgütern deutlich zu dem alarmierenden Rückgang an

Grundwasserreserven vor allem in Indien, Pakistan und den USA beiträgt.[91]

Fazit: Der virtuelle Wasserhandel hat sich im Verlauf der letzten Jahrzehnte immer mehr zu einer bedeutenden «Telekonnektion» im globalen Wassersystem ausgeweitet – einer Fernverbindung, die die Wasserressourcen an einem Ort mit denen an einem anderen Ort in Bezug setzt (und zwar auf eine nochmals andere Weise als Flussnetze, atmosphärische Feuchtetransporte, direkte Wassertransfers und neuerdings die unter dem Begriff «Water Grabbing» bezeichnete Aneignung von Wasserressourcen durch ausländische Regierungen, Firmen und Investmentfonds).[92] Das Bild eines globalen Netzwerks von Treibern, die auf lokale Wasservorkommen zugreifen, macht noch einmal bewusst, warum der virtuelle Wasserhandel trotz aller politischen und ökonomischen Vorbehalte, die man ihm entgegenbringt, auch im öffentlichen Diskurs angekommen ist und die Verbraucher bewegt: Es macht uns alle weniger «wasserblind» gegenüber der Tatsache, dass unsere Konsumprodukte oft an fernen Orten unter teils ungünstigen Umwelt- und auch sozialen Bedingungen produziert werden. Dass sie über die gesamte Produktionskette einen hohen Wassereinsatz erfordern – in der Tierhaltung z.B. von der Bewässerung von Futtermitteln über das Reinigungswasser bei der Schlachtung bis hin zum Koch- und Spülwasser bei der Zubereitung zuhause. Und dass man seinen persönlichen Wasserfußabdruck durch eine Änderung der gewohnten Ernährungsweise erzielen kann.[93] All die hier genannten Beispiele verweisen darauf, dass ein ziemlich großer Spielraum auf Seiten der Produzenten und der Konsumenten besteht, grünes und blaues Wasser in der Land- und Viehwirtschaft sinnvoller zu nutzen.

3 Wasserknappheit und Welternährung heute

3.1 Bestimmung von «Wasserknappheit» und ihr derzeitiges Ausmaß

Um die gesellschaftliche Relevanz von Wasservorkommen und ihren Limitierungen zu ermessen, muss man sie irgendwie mit der menschlichen Bevölkerung und ihrer Wassernutzung in Relation setzen. Oft begegnet man dabei der Aussage, dass ein größerer Teil der Weltbevölkerung in Gebieten mit Wasserknappheit lebe – also dort, wo die Nachfrage das natürliche Wasserdargebot übersteigt. Dies mag zunächst gar nicht verwundern angesichts der beschriebenen ungleichen Verteilung des nur sehr begrenzt zugänglichen globalen Süßwasservorrats und vor allem angesichts des exponentiellen Bevölkerungswachstums der vergangenen Jahrzehnte gerade in Ländern, die nicht mit Wasserreichtum gesegnet sind. So wurde berechnet, dass um das Jahr 1900 etwa 32 Millionen Menschen (2% der damaligen Weltbevölkerung) einem chronischen Wassermangel ausgesetzt waren, absolut und prozentual ganz erheblich weniger als aktuell (mindestens 2,3 Milliarden bzw. 35% im Jahr 2005).[94] Schon ein oberflächlicher Blick in die Literatur zeigt aber, dass solche Abschätzungen enorm voneinander abweichen. Deshalb ist es wichtig nachzusehen, auf welchen Annahmen sie eigentlich beruhen. Zwei Aspekte sind besonders bedeutend: die konkrete Definition von «Wasserknappheit» und die räumliche Einheit, für die sie berechnet wird.

In den meisten Studien wird die innerhalb eines Gebietes verfügbare (blaue) Wassermenge als Dargebot angenommen und der Einwohnerzahl desselben Gebietes gegenübergestellt. Die ursprüngliche Idee dieses simplen Abgleichs war lediglich zu erfahren, wie viele Einwohner eines Landes sich eine bestimmte Wassermenge – 1 Million m³/a – teilen müssen.[95] Sind dies mehr als 1000 Menschen, so die auf empirischen Beobachtungen beruhende Annahme, herrscht chronischer Wassermangel mit negativen Einflüssen auf die Lebensumstände und die wirtschaftliche Entwicklung. Liegt die Einwohnerzahl unter diesem Wert, ist die Situation entspannter, doch kehrt Wassermangel mit gewisser Regelmäßigkeit wieder. Erst bei unter 600 Menschen pro 1 Million m³/a (entsprechend 4600 l/Person/Tag, darin eingerechnet natürlich der hohe Bedarf für die Nahrungsproduktion) kann davon ausgegangen werden, dass Wasserprobleme nur sporadisch und räumlich begrenzt auftreten. Wächst die Einwohnerzahl hingegen auf über 2000 Einwohner pro 1 Million m³/a, hat dies gegebenenfalls schwerwiegende Konsequenzen für das tägliche (Über-)Leben breiter Bevölkerungsschichten.

Von solch akutem oder chronischem Wassermangel kann sich ein Land indes mit effizientem Management und eher unkonventionellen Maßnahmen «freikaufen» (z. B. mit Meerwasserentsalzung, Mehrfachnutzung von Wasser, virtuellem Wasserhandel). Dies versetzt reiche Länder mit funktionierender Infrastruktur (wie Deutschland) in die Lage, auch mit eigentlich akutem Wassermangel noch gut umgehen zu können. Einschränkend ist aber zu sagen, dass dieser Freikauf oft mit einschneidenden Eingriffen in die Gewässerökosysteme oder mit der Förderung nicht erneuerbaren Grundwassers verbunden ist: Das historisch gewachsene, inzwischen allzu weit verbreitete Vorgehen, natürliche Gewässer erst zu schädigen und ihnen dann wieder Erholung zu verschaffen, erfordert weltweit ein jährliches Investment von einer halben Billion US-Dollar in Wassertechnologien und Ingenieurleistungen![96] Andere Länder, denen es an geeigneter Infrastruktur fehlt, stehen demgegenüber auch bei unter 1000 Menschen pro 1 Million m³/a vor chronischen Engpässen; sie sind «ökonomisch wasserknapp». Allerdings sollte man daraus keinen Wasser- oder Klimadeterminismus ableiten in dem Sinne, dass Wassermangel von vornherein die gesellschaftliche und wirtschaftliche Entwicklung vereitele. Ein niedriges Wasseraufkommen pro Kopf korreliert nämlich kaum mit einem niedrigen Bruttonationaleinkommen.[97] Bei der ökonomischen Wasserknappheit fällt viel mehr ins Gewicht, dass die sozial schwachen Bevölkerungsanteile mangels Infrastruktur keinen gesicherten Zugang zu sauberem Wasser haben.

In den meisten Studien wird die Betrachtung jedoch auf den Kopf gestellt. Entgegen der ursprünglichen Intention heißt es nun oft, es bestehe ein grundsätzlicher Bedarf von 1700 m³/Person/Jahr (der Umkehrwert von 600 Einwohnern pro 1 Million m³). Werde dieser nicht gedeckt, so herrsche Wasserknappheit. Dieser Perspektivwechsel ist alles andere als trivial. Er lenkt die Diskussion auf die Abwesenheit von Wasser bzw. darauf, ob und wie eine gegebene Wassernachfrage befriedigt werden kann, statt die Genese, Art und Höhe dieser Nachfrage zu problematisieren.[98] So ist auch der Begriff der «Wasserknappheit» ein modernes Schlagwort geworden, das nicht zuletzt mächtigen Interessengruppen die Kontrolle über die Debatte ermöglicht und der weiteren Erschließung von Wasserressourcen sowie deren profitabler Vermarktung Tür und Tor geöffnet hat.[99] Um die Nachfrageseite zu betonen, kann man nun anstelle der Bevölkerungszahl die tatsächlich für landwirtschaftliche, industrielle oder private Zwecke genutzte Wassermenge mit dem Wasserdargebot in Beziehung setzen. Eine Entnahme von mehr als 40% oder ein Verbrauch von mehr als 10% des Dargebots gilt dabei als kritisch. So belief sich die Anzahl der Menschen, die um das Jahr 1995 in Ländern mit einer Entnahme von mehr als 40% des gesamten blauen Wasserdargebots lebten, auf rund eine halbe Milliarde. Führt man hingegen dieselbe Berechnung auf einer feineren räumlichen Skala durch (mit der leicht einzusehenden Begründung, dass Wasserdargebot, Wassernachfrage und Bevölkerungsdichte innerhalb eines Landes meist sehr ungleich verteilt sind), ergibt sich eine drei- bis viermal so hohe Zahl Betroffener, ein Großteil davon in den dicht besiedelten Großstädten.[100] Aber auch diese lokale Betrachtungsskala ist längst nicht überall die richtige: In Deutschland beispielsweise hängen die Einwohner von Städten wie München, Stuttgart und Teilen des Ruhrgebiets von der Wasserzuleitung aus z.T. über 100 Kilometer entfernten Gegenden ab. Allein nach Los Angeles werden im Durchschnitt fast 9 Milliarden Liter pro Tag aus Flusseinzugsgebieten herangebracht, die gänzlich außerhalb des Stadtgebiets liegen.[101] Eine Gegenüberstellung der Einwohner oder ihres (angenommenen) Wasserverbrauchs mit den Oberflächen- und Grundwassermengen, die sich innerhalb des Terrains ihrer Stadt befinden, suggeriert in diesen Fällen also eine Stresssituation, die dank der Fernleitungen gar nicht besteht. In vielen Städten, einschließlich etlicher Millionenstädte in Südasien und China, können die Zuleitungen Wasserengpässe trotzdem nicht mehr gänzlich kompensieren.

Der gröbste und zugleich zuversichtlichste Betrachtungswinkel wäre die globale Skala. Ginge man nämlich von der Annahme aus, dass alles erneuerbare blaue Wasser – ca. 45 000 km³/a – auf irgendeine Weise bereitgestellt und dieses Wasser oder die damit erzeugten Produkte über den gesamten Globus verteilt werden können, wäre die klare Schlussfolgerung, dass auf diesem Planeten keinerlei Wassernot herrscht.

Bei einer Weltbevölkerung von derzeit 7,5 Milliarden kommen nämlich weniger als 200 Menschen auf die besagte 1 Million m³/a Wasser. Doch Vorsicht: Wie schon angeklungen, erweist sich die auch in vielen Wasserknappheitsstudien getroffene Annahme, alles erneuerbare blaue Wasser könne tatsächlich genutzt bzw. verbraucht werden, als viel zu optimistisch. Lässt man die unzugänglichen und zum Ökosystemschutz erforderlichen Wassermengen außen vor, bleiben nur 2800 km³/a übrig (so ja die einstweilige Abschätzung der planetaren Grenze, vgl. Abschnitt 1.3). Gleichmäßig umgerechnet auf die heutige Weltbevölkerung hieße dies, dass sich fast 2700 Menschen 1 Million m³/a teilen müssen. Andersherum ausgedrückt läge die Wasser-Tragfähigkeit der Erde bei nur 1,6 Milliarden – wenn man davon ausgeht, dass der Mensch ausschließlich von nachhaltig genutztem blauen Wasser lebt. Spätestens an dieser Stelle muss aber das in die Nahrungsmittelerzeugung eingehende grüne Wasser addiert werden (rund 9500 km³/a gemäß Tabelle 1). Dennoch haben wir offenbar gerade den kritischen Durchschnittswert von 600 Erdenbürgern pro 1 Million m³ verfügbarem blauen und grünen Wasser überschritten.

Die Schlussfolgerung aus dieser bitte als grobe Überschlagsrechnung zu verstehenden Bilanz ist: Die heute global für eine menschliche Nutzung verfügbare Menge blauen und grünen Wassers reicht für eine Weltbevölkerung von über 7 Milliarden gerade so aus.[102] Man könnte auch sagen, dass wir an der Wasser-Tragfähigkeit der Erde kratzen. Für die zukünftige Weltbevölkerung heißt das allerdings, dass sie mit einem niedrigeren Wasserfußabdruck (absolut und pro Kopf) auskommen muss – zumindest wenn keine weiteren Gewässer- und Landökosysteme geopfert werden sollen, um sich neues blaues und grünes Wasser anzueignen. Um dies zu bewerkstelligen, gibt es glücklicherweise eine Menge Möglichkeiten, wie ich in Kapitel 6 ausführen werde. Aber ich muss hier erst einmal noch einschieben, dass das obige Rechenexempel auf zwei wichtigen Grundannahmen beruht:

Erstens sieht es ganz und gar nicht mehr nach ausgeglichenen Verhältnissen aus, wenn man dieselbe Berechnung auf Länderebene anstellt. Abbildung 7 (oben und Mitte) zeigt, dass vor allem in Ländern Nordafrikas, des Nahen und Mittleren Ostens, Süd-/Ostasiens und auch Mittel- und Osteuropas ein hoher Druck auf die Wasserressourcen besteht. Dies sind Länder mit einem hohen Bevölkerungsaufkommen im Vergleich zu ihren blauen (obere Karte) bzw. blauen und grünen Wasservorkommen (mittlere Karte; auf die untere Karte komme ich später zu sprechen). Für einen völligen Ausgleich müssten solche Länder das fehlende Wasser – alternativ die benötigten, mit Wasser produzierten Waren – aus Überschussgebieten beziehen können. Der virtuelle Wasserhandel trägt zwar schon zu einem gewissen Maß zu einer solchen Umverteilung bei. Eine Balance aller regionalen Wasserungleichgewichte – durch Optimierung des globalen Musters landwirtschaftlicher und industrieller Produktionsstätten gemäß der räumlichen Verteilung nachhaltig nutzbarer Wasservorkommen – ist aber wohl utopisch. Für Erdsystemanalytiker, die ein Interesse an den naturräumlichen Begrenzungen unseres Planeten und den Entwicklungsmöglichkeiten der Menschheit innerhalb dieser Grenzen haben, wäre es aber allemal interessant zu erforschen, wie ein derartiges globales Wassernutzungsmuster aussehen könnte, ob es der Vorstellung vom Wasser als einem globalen Gemeingut nahe käme, ob und wie es sich mit anderen Nachhaltigkeitsaspekten vereinen ließe, und wie der Klimawandel mit seinen merklichen Verschiebungen des Wasserkreislaufs ein solches einmal ausgeklügeltes Gefüge wieder durcheinanderwirbeln würde.

Eine zweite Grundannahme der obigen Berechnung ist, dass die 600-Einwohner-Grenze überall auf der Welt gilt. Auch das ist eine grobe Vereinfachung, denn wie wir ja beispielsweise bereits wissen, unterscheidet sich die zur Erzeugung eines Gutes aufzubringende Wassermenge erheblich je nach Klima, Management, Infrastrukturen etc., und natürlich hängt das Ganze auch noch davon ab, wie die Menschen tatsächlich leben und was sie konsumieren. An eine differenziertere Bilanzierung taste ich mich im folgenden Kapitel aus Sicht der Nahrungsmittelproduktion heran.

3.2 Wassermangel und Nahrungsmittelproduktion

Ein Vergleich der mittleren mit der oberen Abbildung 7 zeigt, dass der Einbezug grünen Wassers in die länderbasierte Wasserknappheitsberechnung erwartungsgemäß weniger Länder als wasserarm erscheinen lässt, als wenn nur blaues Wasser berücksichtigt wird. Gemäß meinen vorherigen Ausführungen ist dieses weniger dramatische Bild das realistischere. Zur fundierteren Beantwortung der Frage, ob das verfügbare blaue und grüne Wasser zur Nahrungsmittelproduktion für die (weiter wachsende) Weltbevölkerung ausreicht, müssen die in Abschnitt 2.3 und 2.4 angestellten Überlegungen einbezogen werden, wie viel Wasser denn konkret benötigt wird, um eine bestimmte Menge bzw. einen bestimmten Mix pflanzlicher und tierischer Lebensmittel zu erzeugen. Die dort gezeigten Unterschiede in der Wasserproduktivität verschiedener Regionen und verschiedener Produkte lassen fraglich erscheinen, dass dies überall 1700 m³ pro Person und Jahr sind, wie bisher implizit angenommen.

Zwar ist es ein fast unmögliches Unterfangen, dies punktgenau abschätzen zu wollen. Denn dazu müsste man für alle Orte, Betriebe und Personen gesondert ermitteln, was sie produzieren und konsumieren, woher sie ihr Wasser und ihre

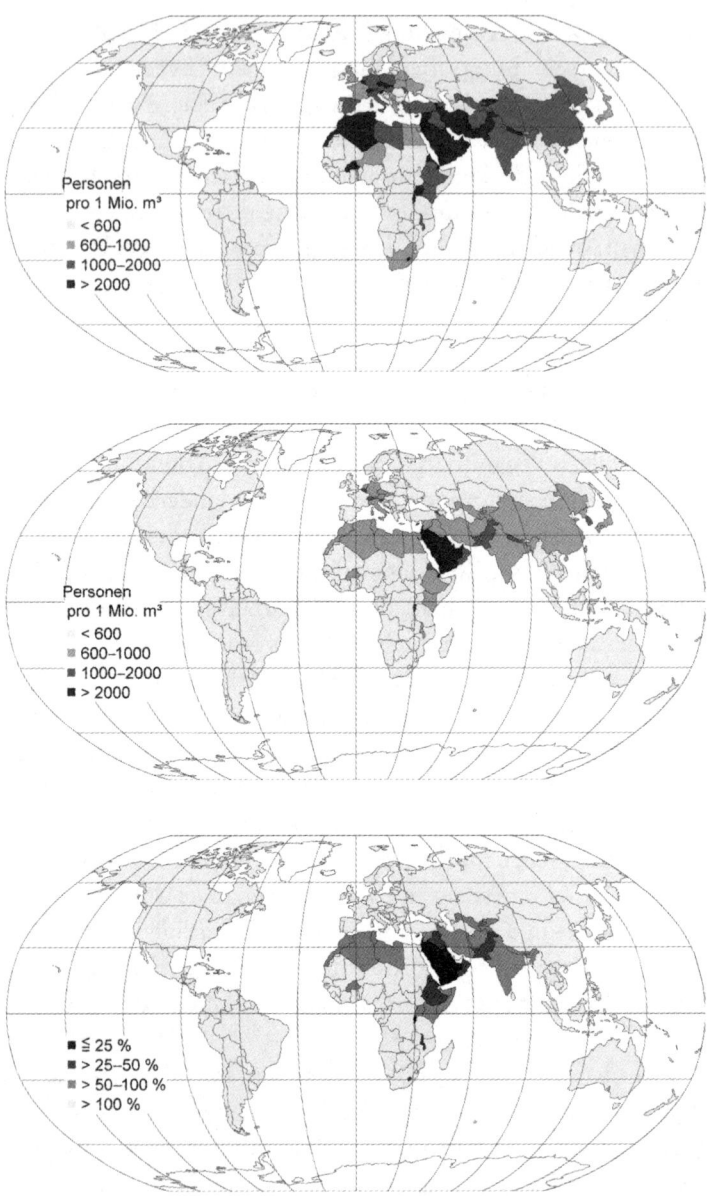

unter Wassereinsatz produzierten Verbrauchsgüter beziehen, und wie viel (blaues und grünes) virtuelles Wasser zur Herstellung dieser Güter und ihrer Einzelbestandteile an ihren jeweiligen Produktionsorten und während ihres Transports verbraucht wurde. Um diese komplizierte Angelegenheit dennoch wenigstens ansatzweise zu durchdringen, nehmen wir einmal an, dass jeder Mensch auf der ganzen Welt ausreichend ernährt wird, die Unterernährung, die heute noch 800 Millionen Menschen betrifft, also abgeschafft ist. Nach Überschlagsberechnungen müssten für diese Hungerbekämpfung etwa 3000 Kilokalorien pro Person und Tag produziert werden. Diese Kalorienmenge ist höher angesetzt als die rund 2300 kcal, die ein gut ernährter Mensch im Durchschnitt täglich konsumiert. Der Grund dafür ist, dass ein Erreichen dieses Durchschnitts gemäß den derzeitigen Produktions- und Verbrauchsmustern fast zwangsläufig mit einem Überschuss an Nahrungsmitteln einhergeht, der nicht konsumiert wird (Abfälle, die beim Konsumenten und beim Verkauf anfallen), und/oder zur Überernährung bestimmter Bevölkerungsanteile führt; hinzu gesellen sich Verluste bei Ernte, Verarbeitung, Lagerung und Transport. Weiterhin vereinfache ich die Frage dahingehend, dass sich die Ernährung zu 20 % aus tierischen Produkten (Fleisch, Milchprodukten, Eiern) und zu 80 % aus pflanzlichen Produkten zusammensetzt. Auch sei angenommen, dass jedes Land

Abbildung 7: «Wasserknappheit» der Länder der Erde (Mittelwert 1971–2000) nach verschiedenen Maßen. Oben: Bevölkerungsaufkommen pro Million Kubikmeter verfügbaren blauen Wassers (hier definiert als 40 % des jährlichen Abflusses, um vor allem den Ökosystemwasserbedarf auszunehmen). Mitte: Bevölkerungsaufkommen pro Million Kubikmeter verfügbaren Gesamtwassers (blaues Wasser plus auf Landwirtschaftsflächen verdunstendes grünes Wasser, wobei die Verdunstung von Weideland nur zu einem Drittel eingeht). Unten: Grad (in %), zu dem die Erzeugung von 3000 kcal pro Einwohner und Tag (mit einem 20-Prozent-Anteil tierischer Produkte) durch das im Land vorhandene blaue und grüne Wasser gedeckt werden könnte.[103]

diese Lebensmittel für alle seine Einwohner selbst erzeugen möchte auf Grundlage der dortigen Kultur- und Futterpflanzen (mit deren heutigen Anbaumethoden), der aktuellen Verteilung von bewässerten und unbewässerten Acker- und Weideflächen sowie der blauen und grünen Wasserressourcen innerhalb der Landesgrenzen. Importe und mögliche zukünftige Änderungen der anderen Rahmenbedingungen klammere ich also vorerst bei dieser Bestandsaufnahme aus.

Unter diesen Annahmen ergibt sich (siehe Abbildung 7 unten), dass vor allem die Länder des Nahen und Mittleren Ostens sowie einige Länder Nord- und Ostafrikas keine ausreichenden Wasserressourcen (und Anbauflächen) haben, um alle ihre Einwohner zu versorgen. Man mag nun anführen, dass das tatsächliche Ernährungsniveau in einigen der Länder unterhalb der angenommenen Kalorienmenge liegt, ihre blauen und grünen Wasserressourcen also für die Produktion dieser aktuellen Mengen gegebenenfalls ausreichen. Aber wie bereits im vorigen Kapitel gesagt, sind ungeachtet dessen die betroffenen Länder bereits substantiell von virtuellen Wasserimporten abhängig.

Im Vergleich zu den beiden oberen Karten fällt in Abbildung 7 unten auch auf, dass alle europäischen Länder im langjährigen Mittel genügend Wasser zur Erzeugung der angegebenen Kalorienmenge haben. Das liegt unter anderem an der ziemlich hohen Wasserproduktivität (vgl. auch Abschnitt 2.4): Agroklimatisch begünstigte Länder Europas mit eher intensiven Anbaumethoden brauchen weniger als 1000 m³ zur Erzeugung von 3000 kcal pflanzlicher und tierischer Produkte. Süd- und osteuropäische Länder benötigen zwar mehr Wasser, aber immer noch weniger als die heißen Tropen und Subtropen (viele Gegenden Afrikas oft mehr als 2500 m³ für die 3000 kcal). Auch in Australien und den USA wäre eine Eigenversorgung mit Agrarprodukten aus Wassersicht möglich, obwohl größere

Teile ihres Territoriums in heißen, wasserarmen Klimazonen gelegen sind. Lokal sieht das sicher anders aus; da diese großen Länder weithin dünn besiedelt sind, verschwimmen regionale Unterschiede in der Gegenüberstellung des Landesdurchschnitts von Wasserdargebot und -nachfrage.

Für die meisten Länder ist die Annahme einer kompletten Selbstversorgung mit der genannten festgesetzten Diät natürlich hypothetisch. Das Rechenexempel soll auch nicht die hochkomplexe Realität mit all ihren Varianten von Ernährungsniveau und -zusammensetzung abbilden. Vielmehr weist es auf den regional differenzierten Zusammenhang zwischen dem Wasserverbrauch und einer bestimmten, anempfohlenen Ernährungsweise hin und deckt den nicht durch virtuellen Wasserimport «verschleierten» bzw. wettgemachten Wassermangel der Länder auf. Unten diskutiere ich ausführlich, welche Möglichkeiten sich bieten, auch bei weiter steigendem Lebensmittelbedarf und regional knapper werdendem Wasserdargebot eine ausreichende und ausgewogene Ernährung für alle zu bewerkstelligen. Eins vorweg: Dieses Ziel zu erreichen wird eine außerordentlich schwierige Angelegenheit, zumal wenn gleichzeitig die planetaren Umweltgrenzen eingehalten werden sollen und falls es nicht gelingen sollte, den anthropogenen Klimawandel auszubremsen. Unterdessen bieten diese Aussichten gerade jetzt die Chance für eine nachhaltige Transformation der lokalen bis globalen Wassernutzung.

4 Globaler Klimawandel und Wasserressourcen

4.1 Klimawandel: Grundsätzliches und jüngste Trends

Zum Phänomen des globalen Klimawandels ist umfangreiche und exzellente Literatur vorhanden. Hier genügt es, die klimatischen Trends der jüngeren Vergangenheit sowie Projektionen für die Zukunft in Grundzügen zusammenzufassen und dabei einige der neuesten, aus Sicht der Wasser- und Landwirtschaft bedeutsamen wissenschaftlichen Erkenntnisse darzustellen.

Zahlreiche Messungen und Studien belegen unzweifelhaft, dass sich die durchschnittliche oberflächennahe Lufttemperatur über Meer und Land seit 1880 um mittlerweile rund ein Grad erhöht hat.[104] Das wärmste Jahrzehnt seit Beginn verlässlicher Aufzeichnungen – und zumindest auf der Nordhalbkugel wahrscheinlich seit wenigstens 1300 Jahren[105] – war 2001–2010. Fast alle Jahre im Zeitraum 1998–2016 gehören zu den global wärmsten seit 1880, mit 2014, 2015 und 2016 an der Spitze: zum ersten Mal drei Rekordjahre hintereinander, was für eine rasante aktuelle Zunahme spricht. Die «kühle» Ausnahme 2008 war eines der La-Niña-Jahre, in denen die Weltmitteltemperatur aufgrund von abrupten Änderungen der Meeresströmung im Ostpazifik ohnehin immer vergleichsweise niedrig ist. Dies ist nur ein Beispiel dafür, dass der globale Erwärmungstrend sich zwar beschleunigt, aber nicht zwangsläufig jedes einzelne Jahr wärmer ist als die unmittelbar vorhergehenden Jahre. Eine derart lineare Entwicklung hätte ohnehin extremen Seltenheitswert auf unserem Planeten. Natürliche Schwankungen des gekoppelten Klima-Ozean-Systems sowie weitere irdische und astronomische Einflüsse überlagern also den Trend. Dazu gehören – neben dem bekannten El-Niño-/La-Niña-Phänomen – Zyklen der Sonnenaktivität sowie Schwankungen der Aufnahme und Freisetzung von Treibhausgasen durch die Biosphäre. Auch die Asche von Vulkanausbrüchen kann großräumige, aber relativ kurzzeitige Abkühlungen zur Folge haben. Vorübergehende Einbrüche der globalen Erwärmung können nicht darüber hinwegtäuschen, dass diese Prozesse den Aufwärtstrend allenfalls modifizieren, ihn aber weder aufhalten können noch ursächlich dafür verantwortlich sind.[106]

Auch räumlich vollzieht sich die Erderwärmung ungleichmäßig. Wegen der Trägheit der gigantischen ozeanischen Wasserkörper geschieht der Temperaturanstieg im Meer (besonders in dessen Tiefenschichten) zwar deutlich langsamer als über Land, aber dennoch unaufhaltsam und selbst dann noch für lange Zeit, wenn die Erhöhung der Lufttemperatur zu einem Ende käme. Daher liegt die aktuelle globale Erwärmung noch unter dem Endwert, wie er gemäß dem bisherigen Anstieg der atmosphärischen Treibhausgaskonzentrationen zu erwarten ist. Mit dafür verantwortlich ist, dass die in der Luft schwebenden Aerosole (Partikel anthropogenen oder auch vulkanischen Ursprungs) dank ihrer regional kühlenden Wirkung dem Treibhauseffekt entgegenwirken.

Der allgemeine Erwärmungstrend zeigt sich auch darin, dass die Temperaturextreme nach oben hin zunehmen. Außer markant zu milden Wintern in arktischen Regionen ist die Häufung und Intensivierung von Hitzewellen in vielen anderen Regionen auffällig. Ein Einzelereignis kann als extrem eingestuft werden, wenn es sich um mehr als das Dreifache der mittleren Schwankungsbreite über den Durchschnitt vergangener Jahrzehnte erhebt. In einem unveränderten Klima ist dies nur sehr selten zu erwarten, vielleicht alle paar Jahrhunderte einmal als Zufallsereignis. Im Vergleich zum Zeitraum 1951–1980 haben so definierte extrem heiße Sommer aber in ganz ungewöhnlichem Maße zugenommen. 2006–2011 erfassten sie 4–13 % der Landoberfläche.[107] Beispiele für solche extremen Hitzewellen finden sich in Mittel- und Westeuropa 2003 (eine humanitäre Katastrophe, die bis zu 70 000 Todesopfer forderte), in Russland 2010 (mit mehr als 55 000 Toten), in Texas 2011 und dann, 2012, in großen Teilen der USA. Über ganz Europa gemittelt waren die Sommer 2003 und 2010 die mit Abstand wärmsten zumindest der letzten knapp 500 Jahre (seit dem absoluten Ausnahmesommer 1540).

Es gibt Anzeichen, dass sich bestimmte Eigenschaften der atmosphärischen Zirkulation in letzter Zeit verändert haben, was einige dieser Extreme erklären könnte. Besonders auffällig waren wiederholte, über Wochen bis Monate quasi stabile Luftdruck-Konstellationen auf der Nordhalbkugel, darunter die heißen Hochdrucklagen in Mitteleuropa 2003 und in Russland 2010. Diese scheinen ihre Ursache in (dank übermäßiger Erwärmung der Arktis) geringeren Temperaturgegensätzen zwischen hohen und niederen Breiten und daraus resultierenden massiven Wärmetransporten nach Norden und Kältetransporten nach Süden zu haben.[108] So könnte selbst die gewisse Häufung hochwinterlicher Wetterlagen in Europa in den Jahren 2011 bis 2013 mit Vorgängen in der wintermilderen Arktis zusammenhängen, die einen zeitweiligen Zustrom sehr kalter Luftmassen in Richtung des europäischen Festlands begünstigten. Aber auch ohne solche Erklärungen lässt sich festhalten, dass einzelne kalte Episoden über einem begrenzten Gebiet dem Befund einer globalen Erwärmung nicht widersprechen, zumal sie meistens von zeitgleichen Wärme-Anomalien in anderen Gegenden mehr als ausgeglichen werden.

Recht große Teile der Erde erfahren mittlerweile also Temperaturextreme, die noch vor einigen Jahren als unvorstellbar galten – und das, obwohl die mittlere globale Temperatur in den vergangenen Jahrzehnten «nur» um einige Zehntel Grad angestiegen ist. Ein Vergleich mit der vom späten 16. bis Mitte des 18. Jahrhunderts herrschenden «Kleinen Eiszeit», während der das Klima auf der Nordhalbkugel um knapp ein Grad kühler war als heute, belegt (wenngleich unter anderem Vorzeichen), dass sich Klimaänderungen zeitlich und räumlich sehr unregelmäßig vollziehen und weniger der langjährige, großräumige Mittelwert als vielmehr die regionalen Extreme auf kürzeren Zeitskalen ausschlaggebend sind. Auch damals wechselten sich kalte mit eher warmen Jahren bzw. Jahrzehnten ab, und es waren immer wieder andere Gegenden von den prägenden Kältewintern betroffen, die unter anderem zu erheblichen landwirtschaftlichen Ertragseinbußen führten.[109]

Anders als frühere Klimaschwankungen ist die jetzige globale Erwärmung dank ihrer Geschwindigkeit und der Höhe des bereits erreichten Temperaturniveaus aber eine erdgeschichtliche Besonderheit, die sich nicht mit natürlichen Ursachen erklären lässt. Es ist kein Geheimnis, dass die anthropogenen Emissionen verschiedener Spurengase als entscheidender Faktor ins Spiel gekommen sind. Der Kohlendioxid-Gehalt der Erdatmosphäre ist seit 1765 von etwa 280 ppm (*parts per million*, millionstel Volumenanteilen) auf über 400 ppm im Jahr 2017 angestiegen. Wie Daten von Eisbohrkernen zeigen, ist er damit so hoch wie seit mindestens 800 000 Jahren nicht, und man muss wohl etliche Jahrmillionen in eisfreie Erdzeitalter zurückgehen, bevor man auf ähnlich hohe Werte trifft.[110] Es ist physikalisches Grundwissen, dass eine ansteigende atmosphärische CO_2-Konzentration eine Erhöhung der planetaren Oberflächentemperatur nach sich zieht. Der Mechanismus ist die (über den überlebensnotwendigen natürlichen Treibhauseffekt der Erde hinausgehende) vermehrte Absorption und Wiederabgabe von Wärmestrahlung durch das CO_2. Zu diesem Effekt tragen auch weitere Spurengase wie Methan und Lachgas bei, deren atmosphärische Konzentrationen ebenfalls infolge menschlicher Aktivitäten in einem starken Anstieg begriffen sind. Dass der globale Erwärmungstrend real ist und die anthropogenen Emissionen diesen im Wesentlichen verursachen, ist also keine Glaubens- oder Meinungsfrage, sondern aktueller, auf geprüften instrumentellen Daten und plausibler Theorie beruhender Wissensstand.

Was aus Wassersicht besonders wichtig ist: Der Klimawandel drückt sich nicht allein durch steigende Temperaturen aus, sondern auch durch Veränderungen in der Verteilung, Menge und Intensität des Niederschlags (neben Veränderungen in weiteren klimatischen Größen wie der Bewölkung und schließlich der Verdunstung). So fiel das Jahr 2010 dahingehend auf, dass es nicht nur das bis dahin global wärmste, sondern auch das global niederschlagsreichste war. Diese Entwicklung ist im Einklang mit der physikalischen Gesetzmäßigkeit nach Clausius-Clapeyron, der zufolge wärmere Luft mehr Wasserdampf halten kann (was übrigens die Erwärmung im Sinne einer positiven Rückkopplung weiter verstärkt, denn auch Wasserdampf entfaltet eine Treibhauswirkung). Ein globaler Niederschlagstrend ist jedoch statistisch noch nicht dingfest zu machen. Gründe dafür sind nicht nur die hohe Variabilität zwischen den Jahren (vgl. Abbildung 2), sondern auch die dem Treibhauseffekt entgegenstehende Wirkung der (anthropogenen) Aerosole: Die weit verbreitete Luftverschmutzung bremst die durch den Klimawandel beförderte Intensivierung des Wasserkreislaufs noch ab.[111]

Nur ist es so, dass sich der Wasserdampf sehr ungleichmäßig in der Atmosphäre verteilt, anders als die anderen Treibhausgase. Daher weisen die beobachteten Niederschlagstrends ein regional viel differenzierteres Muster auf als die Temperatur-

trends. Anders als in anderen Regionen zeichnet sich beispielsweise auf der Nordhalbkugel nördlich des 30. Breitengrades
eine gewisse Tendenz zu höheren Jahresniederschlägen ab. In
vielen subtropischen Gegenden einschließlich Südeuropas sind
die Jahresniederschläge seit den 1950er Jahren hingegen eher
zurückgegangen.[112] Dies bedeutet, dass einige wasserarme Gegenden mittlerweile noch weniger Niederschlag erhalten, was
sich zusammen mit den steigenden Temperaturen und der höheren Verdunstung sehr ungünstig auf das Wasserdargebot
auswirkt. Aber kleinräumig können Gebiete mit einem Aufwärtstrend direkt neben Gebieten mit einem Abwärtstrend
liegen; außerdem unterscheiden sich die Jahreszeiten oft hinsichtlich der Stärke und der Richtung der Niederschlagsände-
rung. Statistische Betrachtungen ergeben indes, dass aufgrund
von mit dem Klimawandel verbundenen intensiveren Stark-
regenfällen nun eine deutlich erhöhte Wahrscheinlichkeit für
Hochwasserereignisse besteht.[113] Solche «Attributionsanaly-
sen» sind jedoch sehr kompliziert wegen der zusätzlich wal-
tenden Einflüsse von Flussbegradigungen, Flächenversiege-
lungen und Entwaldungen.

Auch bei den Dürren – denen ich mich unten noch gesondert widme – kristallisiert sich bislang kein eindeutiger globaler Trend heraus. Zwar kann man insbesondere in Süd- und
Mitteleuropa sowie in Westafrika seit den 1950er Jahren eine
gewisse Häufung längerer und intensiverer Dürren feststellen,
die zumindest im Mittelmeerraum auch auf den Klimawandel
zurückzuführen ist. Viele andere Regionen zeigen aber keine
oder sogar eine rückläufige Tendenz.[114] Anders als bei den
Hitzewellen ist es auch kaum möglich, regional erhöhte Dürre-
häufigkeiten oder gar Einzelereignisse dem Klimawandel zuzuschreiben. Ein Grund dafür ist, dass diese in ihrer Dauer, Intensität und räumlichen Ausdehnung sehr variabel und schwer
zu erfassen sind. Es kursieren zahllose, oft nicht untereinander

vergleichbare Dürreindikatoren, und die Datenbasis ist oft dünn. Ferner leisten, wie bei den Hochwassern, auch andere (natürliche und anthropogene) Einflüsse ihren Beitrag zur Dürreentstehung und -ausbreitung. So führen vor allem in Teilen Asiens, Nordamerikas und Europas die menschlichen Wasserentnahmen seit einigen Jahrzehnten zu einer deutlichen Intensivierung und Zunahme von hydrologischen Dürren (Niedrigwasserständen in Flüssen).[115]

Der globale Klimawandel mag Vielen als etwas Abstraktes erscheinen: Zum einen wird er manchmal auf wenige, aber zentrale Kenngrößen wie die Weltmitteltemperatur oder den atmosphärischen CO_2-Gehalt reduziert, zum anderen ist er das Ergebnis komplizierter Wechselwirkungen zwischen menschlichem Tun, Landoberfläche, Atmosphäre und Ozean, die zudem auch noch zeitversetzt zusammenwirken, und das oft in fernen Gegenden. Um das wechselhafte tagtägliche Geschehen «vor der eigenen Haustür» damit zusammenzudenken, kann man sich vor Augen halten, dass das hochkomplexe und hochvariable Klimasystem alle möglichen, nicht selten verblüffenden und ganz neuartigen Varianten bereithält, wie sich die globale Erwärmung lokal ausprägt. Die Nichtlinearität des globalen Erwärmungstrends und seine Verwechslung mit kurzweiligen, vermeintlichen «Rückschlägen» führen immer wieder zu Missverständnissen, subjektiven Fehleinschätzungen und Übertreibungen in medialen Darstellungen und im Privaten. Zur objektiven Einordnung ist immer ein Blick auf die historische Statistik und das globale Gesamtbild unabdingbar, zusammen mit einem stets zu verbessernden Prozessverständnis, das aktuelle und neuartige Entwicklungen erfasst und zu erklären versucht.

Ähnliches gilt auch für die zuweilen kleingeredete globale und regionale Wasserproblematik. Zwar wird die Existenz von Wasserversorgungsproblemen selten grundsätzlich angezweifelt – vermutlich weil diese Probleme an vielen Orten direkt spürbar und ihre Ursachen zeitlich und räumlich unmittelbarer greifbar sind, als es beim Klimawandel der Fall ist. Jedoch findet sich vielfach eine Gemengelage zwischen diesem Problembewusstsein und einer Technikgläubigkeit, die suggeriert, Wasserkrisen seien im Wesentlichen «Managementkrisen» und erforderten somit kein prinzipielles Umdenken – dazu mehr in Kapitel 6.

4.2 Dürren und Landwirtschaft

Dürren sind seit ehedem ein bedrohlicher Begleiter der Menschheit. Darunter versteht man vorübergehende Perioden unüblich trockener Witterung, die lange genug (Monate bis Jahre) währen, um die Wasserversorgung ernsthaft zu beeinträchtigen. Selbst in ansonsten wasserreichen Gegenden können sie immense soziale, ökonomische und ökologische Schäden anrichten und wasserabhängige Sektoren wie die Landwirtschaft existentiell bedrohen. Sie beginnen meist eher unspektakulär mit Regendefiziten («meteorologische Dürren»), die sich nach und nach durch sinkende Wasserstände in Flüssen, Seen, Talsperren und Grundwasserschichten («hydrologische Dürren») sowie durch Bodenfeuchtedefizite bemerkbar machen, die das Wachstum und die Produktivität von natürlicher Vegetation und von Kulturpflanzen mindern («landwirtschaftliche Dürren»). Bei Andauer der trockenen Witterung findet oft ein schleichender Übergriff der Dürre auf größere Gebiete statt, der noch verstärkt wird durch Rückkopplungen zwischen Bodenfeuchte, Vegetation und Atmosphäre sowie durch Gegenmaßnahmen wie erhöhte Wasserentnahmen zur Bewässerung: Ein Teufelskreis entsteht. Die sozialen und ökonomischen Spätfolgen («sozioökonomische

Dürren») zeigen sich oft erst, lange nachdem einsetzende Landregen zu einem vorübergehenden oder endgültigen Ende der Trockenheit geführt haben.

Klimastatistiken belegen eindrücklich, dass Dürren ein global bedeutsames, grenzüberschreitendes Phänomen sind. In der zweiten Hälfte des 20. Jahrhunderts wurden nahezu 300 Ereignisse gezählt, die jeweils mindestens drei Monate dauerten und Gebiete mit einer Größe von über 500 000 km² erfassten.[116] Die unmittelbaren Kosten von Dürreperioden in Europa in den letzten drei Jahrzehnten wurden auf mindestens 100 Milliarden Euro beziffert; allein der Hitze- und Dürresommer 2003 verursachte Gesamtschäden von über 13 Milliarden Euro.[117] Der Sommer 2010 in Russland führte zu Einbußen der Getreideernte in einer Größenordnung von 30 %, woraufhin die Regierung ein Exportverbot für Weizen verhängte. Auch weite Teile Australiens wurden im zurückliegenden Jahrzehnt von einer Dürre, der sogenannten «Big Dry», heimgesucht. Unter anderem war das Murray-Darling-Flusseinzugsgebiet betroffen. Dort werden üblicherweise fast die Hälfte der nationalen landwirtschaftlichen Güter durch künstliche Beregnung produziert, aber in den Jahren 2001–2006 lagen zumindest die Reis- und Getreideerträge dürrebedingt um 40 % unter der Norm. Die anhaltende Trockenheit hatte dort zum Erlass harscher Einschränkungen der Wassernutzung Anlass gegeben.

Aus globaler Sicht sind besonders solche Dürren relevant, die gleichzeitig in mehreren Regionen auftreten, zumal wenn es sich um Exportregionen handelt. Dies war im Frühjahr und Sommer 2012 der Fall, als neben Indonesien zwei der großen Kornkammern der Welt – der Mittlere Westen der USA sowie die Großregion Kasachstan, Russland und Ukraine – betroffen waren. Dies führte zu einem deutlichen Anstieg der Preise für Mais, Soja und Weizen, so wie Dürren auch zu der globalen

Preiskrise 2008 beitrugen. Modellberechnungen legen außerdem nahe, dass die globale Produktion von Mais (besonders betroffen: China und Brasilien) und Weizen (Russland, Indien, Frankreich) seit 1980 in einer Welt ohne anthropogenen Klimawandel um etwa 4–6% höher und deren Weltmarktpreise um mindestens 6% niedriger gewesen wären.[118] Die Ursache für die klimabedingten Ertragseinbußen waren aber nicht allein regionale Niederschlagsänderungen oder Dürren, sondern vielmehr die nahezu überall steigenden Temperaturen, insbesondere der häufigere, direkt auf die Pflanzen einwirkende Hitzestress, wie er bei Temperaturen oberhalb etwa 30 °C eintritt. Nicht zu vergessen ist schließlich die lange Liste der historischen Dürren, die in früheren Zeiten mit beträchtlichen Ernteausfällen, erhöhten Nahrungsmittelpreisen und auch Hungerkatastrophen einhergingen. Dazu zählen diejenigen in der Sahel-Zone in den 1970er/80er Jahren (ähnlichen Ausmaßes die Dürre in Ostafrika 2011–2012), die *Dust Bowl* in den 30er Jahren in den Great Plains (die schlimmste Dürre in Nordamerika im letzten Jahrtausend), und die wiederholten, zu verheerenden Hungersnöten beitragenden Dürren in Russland (besonders in den 20er bis 40er Jahren) und verschiedenen Provinzen Chinas (mehrfach im Verlauf des 20. Jahrhunderts).

Viele Dürren stehen in einem Zusammenhang mit großräumigen natürlichen Schwankungen im globalen Klimasystem, die sich in bestimmten Regionen und zu bestimmten Zeiten in Form unterdurchschnittlicher Niederschlagsmengen und/oder höherer Verdunstung manifestieren. Die Initialzündung liefern oft Änderungen der Oberflächentemperatur bestimmter Regionen der Weltmeere. Insbesondere die Abfolge von El-Niño- und La-Niña-Ereignissen prägt weiten Teilen der Welt im Abstand von zwei bis sieben Jahren jeweils über einen Zeitraum von sechs bis achtzehn Monaten ihren Stempel auf mit charakteristischen Überschwemmungs- und Dürremustern. Zu Beginn eines El-Niño-Ereignisses wird weniger kaltes Tiefenwasser entlang der Westküste Südamerikas nach Norden transportiert, woraufhin sich das Meerwasser vor der peruanischen Küste aufheizt und sich in einem großen Gebiet völlig veränderte Wind- und Niederschlagsmuster einstellen. Eine Folge sind trockenere Bedingungen in Indonesien und zum Teil dramatische Überschwemmungen entlang der pazifischen Ostküste, aber auch Dürreperioden in weiter entfernten Regionen wie Südostasien, Australien, dem Amazonasgebiet und sogar dem südöstlichen Afrika. Entgegengesetzte Verhältnisse herrschen in typischen La-Niña-Jahren.

Mittlerweile erhärtet sich der Befund, dass die in verschiedenen Gegenden beobachtete Häufung meteorologischer und hydrologischer Extremereignisse Ausdruck des anthropogenen Klimawandels ist. Die Mosaiksteine passen sehr gut zu den Projektionen der zukünftigen globalen Klimaentwicklung, die besonders für die heute bereits eher trocken-heißen Regionen eine erhöhte Dürrewahrscheinlichkeit indizieren. Eine beunruhigende Vorstellung ist, dass sich im Zuge des Klimawandels – aber auch aufgrund rein natürlicher Vorgänge – noch einmal ähnlich persistente atmosphärische Zirkulationsmuster einstellen könnten, wie sie zu Zeiten des Mittelalters in einem Streifen vom Süden der heutigen USA über das südliche Europa bis nach Zentralasien immer wieder zu mehr als 20 Jahren während «Megadürren» geführt haben.[119]

Extremdürre in Kalifornien

Die Befürchtungen waren groß, dass der Südwesten der Vereinigten Staaten, besonders Kalifornien, wieder am Beginn einer Megadürre steht oder sich bereits mitten darin befindet. Ungewöhnliche Trockenheit herrschte dort in der ersten Hälfte dieses Jahrzehnts, vor allem durch das Ausbleiben von Winterniederschlägen und durch hohe Temperaturen – eine Kombination, die dem Klimawandel zugeschrieben wird.[120] Wie extrem die Situation war, bilanziert eine Baumringanalyse: Kein anderer dreijähriger Zeitraum in den letzten 1200 Jahren war von einer stärkeren Dürre betroffen als die Jahre 2012 bis 2014.[121] Im Verlauf sind die Wasserstände der Talsperren im Westen der USA – einschließlich des vom Colorado gespeisten Lake Powell und des von ihm abhängigen Lake Mead (am Hoover-Damm) – auf historische Tiefststände gesunken. Satellitenbilder der NASA vom Mai 2014 zeigen, dass die Kapazität des Lake Powell, der rund 20 Millionen Menschen mit Wasser versorgt, zu diesem Zeitpunkt bereits um mehr als die Hälfte verringert war. Da der Großraum Las Vegas sein Wasser zu 90 % vom Lake Mead erhält, wird seit einigen Jahren mit hohem technischen und finanziellen Aufwand eine zusätzliche dritte Wasserleitung gebaut, die an die tiefstmögliche Stelle im Stausee heranreicht. Von ihr erhofft man sich, dass sie zum Einsatz kommen kann, bevor die oberste Leitung nur noch Luft zu fördern vermag.[122] Begleitend gab es kontroverse Pläne zur Wasserumleitung aus dem dünn besiedelten Norden Nevadas nach Las Vegas, zusätzlich zu dem ohnehin bereits komplexen und konfliktgeladenen Netz von Wasserspeicher- und Wasserzuleitungssystemen in der Großregion. Und es häuften sich anekdotische Berichte wie der, dass der sinkende Wasserspiegel des Lake Folsom nahe Sacramento eine bei der Füllung des Reservoirs in den 1950er Jahren unter Wasser gesetzte Geisterstadt aus Goldgräberzeiten wieder ans Tageslicht gebracht hat. Zwar gehen im Mittel rund 80 % des Wasserverbrauchs in Kalifornien auf das Konto der dortigen Land- und Viehwirtschaft, die einen Großteil der US-amerikanischen Obst-, Gemüse- und Rindfleischproduktion ausmacht. Doch die dürrebedingten Ertragseinbußen – immerhin 2,2 Milliarden US-Dollar im Jahr 2014 – hielten sich offenbar in Grenzen, da insbesondere noch von Grundwasserreserven gezehrt werden konnte.[123] In besonders betroffenen Gegenden sahen sich die Farmer allerdings mehr und mehr gezwungen, ihre bewässerten Plantagen aufzugeben oder, sofern rentabel, auf ihren Grundstücken das Grundwasser aus größeren Tiefen als bisher heraufzupumpen. Und jüngste Satellitendaten haben ein enormes Problem sichtbar gemacht: Die Grundwasservorräte vermindern sich durch die seit Jahren andauernden Entnahmen (und die witterungsbedingt fehlende Neubildung) rapide und großräumig, was sogar zu Landabsenkungen führt. Im Einzugsgebiet des Colorado war der Rückgang der Grundwasserreserven mit ca. 5,6 km^3/a noch viel stärker als die Abnahme der Wasserreserven im Lake Mead und Lake Powell. Dieses Phänomen ist eine eindrückliche Form nicht nachhaltiger Wassernutzung: Man greift auf langfristig nicht erneuerbares Wasser zurück, um die aktuell entstandene Lücke zwischen Wassernachfrage und -dargebot zu schließen – nur ist ungewiss, wie lange diese Wasservorkommen für solche Manöver reichen werden.[124] Immerhin wurde im September 2014 ein Abkommen zu einer langfristig nachhaltigen Nutzung der kalifornischen Grundwasservorräte unterzeichnet, was hoffentlich den Weg zu einem integrativen Management nicht nur der oberirdischen, sondern auch der unterirdischen Wasserreserven ebnet.

Dies wäre auch dringend notwendig, denn die Zukunftsaussichten für die Aufrechterhaltung der Wasserversorgung im Südwesten der USA auf bisherigem Niveau sind düster. Die meisten Klimaprojektionen zeigen recht einhellig eine Abnahme der Niederschläge in Kombination mit weiter ansteigenden Temperaturen und Verdunstungsraten. Werden die globalen Treibhausgasemissionen nicht stark gedrosselt, ist eine Trockenperiode wie die gerade überstandene voraussichtlich schon in wenigen Jahrzehnten der Normalzustand. Zum Ende des 21. Jahrhunderts wäre sogar mit Dürren zu rechnen, die die historischen Megadürren des letzten Jahrtausends an Intensität noch deutlich übersteigen. Simulationen mit der neuesten Generation von Klimamodellen versprechen zwar eine höhere Wahrscheinlichkeit für feuchtere Winter im nördlichen und zentralen Kalifornien. Aber die Lage ist in dieser Region ziemlich vertrackt, nicht zuletzt aufgrund der sehr großen Geländeunterschiede. Da bei fortschreitendem Klimawandel zwar die Niederschlagsmenge als Ganzes abnimmt, aber gleichzeitig der Schneeanteil geringer ist und die Schmelze früher einsetzt, können die Talsperren im Frühjahr eventuell nicht mehr alles Wasser aus den Bergen auffangen. Das überfließende Wasser steht dann im Sommer nicht zur Verfügung, und wegen der höheren Temperaturen steigt zudem die Verdunstung aus den Stauseen. Außerdem bewirkt die Erwärmung auf längere Sicht, dass weniger Wasser über die Flüsse ins Tiefland geführt wird – zum einen aufgrund des Rückzugs der Gletscher, zum anderen aufgrund des Vormarschs der Baumgrenze in höhere Gebirgslagen, wo als Folge deutlich mehr Wasser verdunsten kann.[125] Schließlich wird in Kalifornien, dem ohnehin bevölkerungsreichsten US-Bundesstaat, ein weiterer, nicht unerheblicher Bevölkerungsanstieg von gut 38 Millionen auf über 50 Millionen zur Mitte dieses Jahrhunderts erwartet, mit dem die Wasserversorgung Schritt halten muss.

Das genannte Grundwasserabkommen ist längerfristig ein wichtiger Schritt, aber was wurde darüber hinaus kurzfristig getan? Im Januar 2014 rief der amtierende Gouverneur Kaliforniens, Jerry Brown, den Wassernotstand aus, verbunden mit einer Vielzahl an Reglementierungen und Appellen, die aber anscheinend nicht systematisch genug ausgearbeitet und verbreitet werden, als dass sie besondere Anstrengungen zur Wassereinsparung zur Folge gehabt hätten. Diese passieren oft nur auf freiwilliger Basis; bereitgestellte finanzielle Mittel werden kaum dazu benutzt, in längerfristige Wassersparmaßnahmen zu investieren; und Wasserzähler werden nach wie vor weitgehend gemieden.[126] Als ein nächster, so nie da gewesener Schritt wurden im April 2015 die Vorschriften weiter verschärft: Grünanlagen, Rasen, Golfplätze und Friedhöfe durften nicht mehr bewässert werden und waren mit anspruchslosen Kakteen und Agaven zu begrünen, um binnen eines Jahres eine 25%ige Reduktion des Wasserverbrauchs in den Städten zu erzielen. Der Erlass wurde umgehend von verschiedener Seite kritisiert, weil er die agrarischen Großverbraucher verschont (deren Wasserverbrauch jedoch später eingeschränkt wurde) und weil Vorschriften über den Anbau von Pflanzen im privaten und öffentlichen Bereich den freien Markt stören würden. Als Ausweichmöglichkeit, an neue, bisher kaum erschlossene Wasservorräte zu gelangen, wird immer wieder der Ausbau von Meerwasserentsalzungsanlagen ins Spiel gebracht. Diese aber sind kostspielig, energieintensiv und nachteilig für die Küstenökosysteme. Deshalb werden sie meist erst dann erwogen, wenn alle anderen Optionen ausgeschöpft sind.[127]

Der Westen der USA steht damit seinem eigenen Vermächtnis gegenüber: Die auf Staudämme, Grundwasserförderung und Bewässerung setzenden wasserwirtschaftlichen und wasserrechtlichen Regelungen wurden im hydroklimatisch vorteilhafteren 20. Jahrhundert auf den Weg gebracht, das in der Region eines der feuchtesten der letzten 1200 Jahre und somit eher eine Ausnahme war. Das mittlere Wasserdargebot der Vergangenheit ist für das 21. Jahrhundert also keine verlässliche Planungsgrundlage mehr. Um wenigstens den Wasserbrauch auf heutigem Niveau zu stabilisieren – eine große Herausforderung bei trockenerem und heißerem Klima sowie weiterem Bevölkerungszuwachs –, wäre es nötig, die Pro-Kopf-Wassernutzung beständig weiter zu senken (etwa in Fortführung der in den vergangenen Jahrzehnten gelungenen Effizienzsteigerungen in der urbanen Wasserversorgung). So ist es nun endgültig an der Zeit, alle denkbaren Wassersparmaßnahmen und Strukturreformen rascher und konsequenter als bislang vorgesehen umzusetzen: die Einführung effizienter Bewässerungssysteme, die Mehrfachnutzung von Wasser, die Wiederherstellung der Integrität der Gewässerökosysteme, die Messung des (Grund-)Wasserverbrauchs sowie eine dem natürlichen Wasserdargebot gerecht werdende Korrektur der Preispolitik und der Nutzungsrechte.[128] Die einem starken El-Niño zu verdankenden reichlichen Niederschläge im Winter 2016/17 (Rekordregenfälle, die eine andere Facette des Klimawandels darstellen[129]), die die jüngste Dürre zunächst beendet haben, ändern an der Notwendigkeit solcher Langfriststrategien nichts. Im Gegenteil zeigt der im Februar 2017 drohende Bruch des Oroville-Damms – mit der höchsten Staumauer der USA ein Hauptbaustein des California State Water Project –, wie anfällig die teils marode Wasserinfrastruktur im Westen der USA für die zu erwartenden Klimaveränderungen und Extremereignisse aller Art ist: Ein Dammbruch hätte nicht nur die nähere Umgebung überflutet, sondern mittelfristig die von diesem Reservoir abhängige Wasserversorgung Südkaliforniens von Los Angeles bis San Diego gefährdet.

Es wäre indes falsch, die Entstehung und den Verlauf von Dürren ausschließlich klimatischen Vorgängen und Veränderungen zuzuschreiben. Menschliche Eingriffe in den Landschafts- und Wasserhaushalt – Entnahmen von Grund- und Oberflächenwasser, Entwässerung von Feuchtgebieten, Flussumleitungen, Bau von Talsperren – tragen nämlich direkt oder indirekt zur Verschärfung bestehender Dürren bzw. ihrer Auswirkungen bei. So wie durch Überweidung ausgelöste Rückkopplungen mit der Atmosphäre offenbar einen maßgeblichen Anteil an den Sahel-Dürren der 70er/80er Jahre hatten, war die großflächige Rodung von Präriegras und die dadurch hervorgerufene Bodenerosion mitverantwortlich für die charakteristischen Sandstürme und Ertragseinbußen der *Dust Bowl*. Schließlich sind massive Ernteausfälle oder gar Hungerkatastrophen keine unvermeidliche Konsequenz von Dürren, sondern immer Produkt des Zusammenwirkens mit bestehenden sozialen, wirtschaftlichen und politischen Problemen. Die Saheldürren betrafen vor allem Bauern und Hirten, die zuvor in dürftige, für Regenfeldbau kaum geeignete Randgebiete abgedrängt worden waren, damit auf den frei gewordenen begünstigten Standorten (bewässerte) Exportprodukte angebaut werden konnten. Im westafrikanischen Sahel und in Äthiopien wurde der Anbau und Export von Devisen bringenden Produkten sogar noch während der Dürren ausgebaut – ein Beispiel perversen virtuellen Wasserhandels.[130] Vergleichbare Verhältnisse gibt es heute immer noch. Zum Beispiel hat Kenia ungeachtet einer Dürre im Jahr 2014 massiv Agrarprodukte ausgeführt; die Kleinbauern haben davon kaum profitiert.[131] Mit entsprechender Vorsicht sind also Studien zu behandeln, in denen Trocken- oder auch Kälteperioden als wichtigste Erklärung für Hungersnöte, Kriege oder gar den Zusammenbruch von Zivilisationen herhalten. Wohl können Klimaänderungen zuvörderst einen Einbruch der landwirtschaftlichen Erträge und dann eine kaskadenartige Entwicklung bis hin zur Destabilisierung von Gesellschaften einleiten.[132] Vor allem Historiker warnen aber vor monokausalen, metahistorischen Erklärungsmodellen und somit auch vor unangemessenem Alarmismus bezüglich der Folgen zukünftigen Klimawandels: Die vielfältigen, auf unterschiedlichen Raum- und Zeitskalen ablaufenden sozialen und politischen Dynamiken sowie der administrative Erfahrungsschatz, das technische und kulturelle Innovationspotential und die Kapazität zur internationalen Netzwerkbildung moderner Gesellschaften würden meist allzu simpel behandelt oder unterschätzt.[133] Zu den internationalen Netzwerken gehört heute auch der virtuelle Wasserhandel, der zu einem gewissen Ausgleich des Wasserdefizits in wasserknappen Gebieten beiträgt. Dies gelingt aber nur insofern, als die Betroffenen am Handel teilhaben – ein weiteres Indiz dafür, dass die Ursachen und Folgen von Wasserknappheit und Dürre wesentlich von den sozialen, wirtschaftlichen, institutionellen und politischen Rahmenbedingungen abhängen.

Folglich lassen sich die Wasserproblemgebiete der Erde auch nicht alle über einen Kamm scheren. Zielführender als eine Differenzierung rein nach klimatischen und hydrologischen Kriterien ist eine Einteilung in «weltweit wiedererkennbare, funktional zusammenhängende Problemmuster»,[134] also in

Fälle bzw. Regionen, die sich bezüglich der Konstellation, der Trends und des Zusammenspiels natürlicher und gesellschaftlicher Entwicklungen ähneln. Mit diesem «Syndrom»-Ansatz lassen sich gut die absolut wasserarmen Regionen, deren Bewohner von vornherein kaum Spielraum zur Wassernutzung haben, von Problemfällen unterscheiden, die auf nicht nachhaltigen oder ungerechten Mensch-Wasser-Interaktionen beruhen. In manchen Gegenden liegt eine Übernutzung der Grundwasserressourcen zugrunde; in anderen dominieren Wasserverschmutzung und Ökosystem- bzw. Bodendegradation; in wiederum anderen fließt das Wasser sprichwörtlich zum Geld, also zu den reichen Eliten, zum Nachteil einkommensschwacher Bevölkerungsschichten.[135] Eine solche Problemkartierung erleichtert es, spezifische Lösungen für die jeweils betroffenen, unterschiedlich anfälligen Regionen zu finden. Die wasserwirtschaftliche Historie spielt insofern eine besondere Rolle, als sie zuweilen im gesamten Herrschaftssystem eines Landes, zumindest aber in den heute für die Wasserversorgung relevanten Institutionen nachwirkt.

Kritiker des vorherrschenden, fast aller sozialen und kulturellen Bedeutung entkleideten Wasserbegriffs gehen sogar so weit zu sagen, dass Wasserkrisen und Dürren im Wesentlichen ein soziales Konstrukt sind: Sie spiegelten lediglich die modernistische und westliche Idee wider, Wasser als Ressource müsse quasi endlos zur Deckung des menschlichen Bedarfs, so hoch dieser auch sei, zur Verfügung stehen.[136] So wurden Klagen über Wasserengpässe erst nach Beginn der Industrialisierung richtig laut, seitdem sie als Begründung dafür dienen, «ausschließlich technische Auswege aus diesen Wassernöten zu suchen».[137] Auf diesen erhellenden Blickwinkel und die daran geknüpften Hoffnungen auf eine zukünftige Horizonterweiterung im Umgang mit Wasser und Wasserknappheit werde ich noch ausführlich zurückkommen.

5 Blick in die Zukunft: Genug Wasser zur Nahrungsmittelproduktion?

5.1 Warum zwei Grad?

Aus den physikalischen Gesetzmäßigkeiten ergibt sich, dass eine fortwährende Emission von Treibhausgasen in die Atmosphäre zu einer weiteren globalen Erwärmung und damit verbundenen regionalen Niederschlagsänderungen führen wird. Die längerfristige Entwicklung hängt also wesentlich davon ab, wie viele Treibhausgase die Menschheit in Zukunft noch ausstoßen wird. Neben den Emissionen aus der Verfeuerung fossiler Brennstoffe spielen auch Landnutzungsänderungen und komplizierte Rückkopplungen zwischen Atmosphäre und Erdoberfläche eine Rolle.

Der Frage, welche Klimaänderungen im Verlauf dieses Jahrhunderts eintreten mögen, wurde in einer großen Anzahl von Modellstudien nachgegangen. Dafür kommen an verschiedenen Forschungsinstituten betriebene Klimamodelle zum Einsatz, die die natürliche Komplexität und die raumzeitliche Variabilität des Klimasystems in vereinfachter Form abbilden. Außerdem können sie berechnen, wie weiter steigende atmosphärische Treibhausgaskonzentrationen das Weltklima verändern würden. Dazu werden sie mit verschiedenen Emissionsszenarien gespeist, die als Resultat unterschiedlicher sozialer, ökonomischer und technischer Zukunftsentwicklungen zu erwarten sind. In diesen Szenarien reicht die übliche Spannweite von einem moderaten Anstieg und späteren deutlichen Rückgang des globalen CO_2-Ausstoßes (was zu einer Erderwärmung von rund 2 °C bis 2100 führen würde) bis zu einer Vervierfachung der Emissionen in pessimistischeren Szenarien (Erwärmung um +4 °C oder mehr).[138] Im fahrlässigen letzteren Fall wäre die globale Mitteltemperatur fast so weit vom heutigen Zustand entfernt wie auf dem Höhepunkt der letzten Eiszeit, nur eben mit umgekehrtem Vorzeichen. Das Klimasystem befände sich damit in einem Zustand weit jenseits jeder menschlichen Erfahrung im Holozän, und dies bei einer Weltbevölkerung von mindestens neun Milliarden. Man braucht einige Vorstellungskraft, um zu ermessen, was das bedeutet. Als Hilfestellung führt uns der Anglizist und Kulturhistoriker Gillen D'Arcy Wood in einem glänzend geschriebenen Buch ein historisches Beispiel vor Augen: die Folgen einer – wenngleich abrupten – globalen Abkühlung vor 200 Jahren, im Wesentlichen hervorgerufen durch den Ausbruch des Vulkans Tambora im Jahre 1815. Die Weltmitteltemperatur war damals für einige Jahre um 0,7 Grad abgesenkt, was wenig erscheint im Vergleich zu der sehr viel langfristigeren und stärkeren Temperaturänderung, die sich derzeit – in umgekehrter Richtung – abzeichnet. Aber diese kurzzeitige Klimaänderung reichte aus, um die damalige Bevölkerung in vielen Gebieten massiv zu traumatisieren, vor allem wegen «eines steilen Anstiegs extremer Wetterereignisse – Überschwemmungen, Dürren, Stürme […] mit verheerende[n] Folgen für die Landwirtschaft, Lebensmittelversorgung und Krankheitsökologie der Menschheit».[139] Die von den unerbittlichen klimatischen und hydrologischen Extremen ausgelösten Hungersnöte, Wirtschaftskrisen, ökologischen Desaster und Choleraausbrüche hatten offenbar noch über Jahrzehnte hinaus Nachwirkungen von welthistorischer Bedeutung.

Spätere Chronisten werden hoffentlich nicht mit solchen fatalen – oder noch viel schlimmeren – Erzählungen über die Klimageschichte des 21. Jahrhunderts aufwarten müssen. Unser großer Vorteil gegenüber den Menschen vor 200 Jahren ist, die globalen Zusammenhänge im Klimasystem – und den Planeten Erde insgesamt – sehr viel besser zu verstehen und mit Computermodellen mögliche Zukunftsentwicklungen abbilden zu können (wenngleich es naturgemäß schwierig bleibt, die sozialen Auswirkungen einer Klimaänderung vorauszusehen und bildhaft zu beschreiben). Verschiedenste Analysen warnen, dass eine mittlere Erderwärmung um mehr als 2 °C gegenüber dem vorindustriellen Niveau weitreichende Folgen nach sich zieht. Logischerweise wären diese Folgen umso drastischer, je weiter die Erwärmung über diese Marke hinausschießt. Besonders bedenklich ist, dass bei Erreichen kritischer regionaler Temperatur- und Niederschlagsänderungen – die in der Zone jenseits einer Erderwärmung von 2 °C vermutet werden – verschiedene «Kipppunkte» aktiviert werden können. Dies sind abrupte, unter Umständen nicht mehr umkehrbare Übergänge wichtiger Komponenten des Erdsystems in einen neuen Zustand. Beispiele sind das mögliche Absterben von Teilen des Amazonas-Regenwalds, ein Zusammenbruch des westafrikanischen Monsunsystems mit ungewissen Folgen für den Sahel oder das für den Meeresspiegelanstieg höchst bedeutsame Abschmelzen des westantarktischen und des Grönland-Eispanzers. Alle diese Vorgänge sind im Zuge des im 21. Jahrhundert für möglich gehaltenen globalen Temperaturanstiegs denkbar.[140] Diese Menetekel ernst nehmend, liegt große Hoffnung auf dem inzwischen international anerkannten klimapolitischen Ziel, die globale Mitteltemperatur um maximal 2 °C ansteigen zu lassen.

Das Wissen darüber, ob und wann solche höchst nichtlinearen Prozesse wie die Kippelemente in einem wärmeren Klima tatsächlich in Gang kämen, ist zwar ziemlich lückenhaft. Das kann aber nicht als Entwarnung verstanden werden. Im Gegenteil: Neben den noch verhältnismäßig gut zu erfassenden (eher graduellen) Änderungen der Wasserverfügbarkeit oder auch der landwirtschaftlichen Produktivität sind diese Unsicherheiten ein weiterer Grund, die Zone jenseits +2 °C nach allen Kräften zu meiden. Mittlerweile geben umfassende Berechnungen Auskunft darüber, wie diese Risikozone noch umgangen bzw. nach unvermeidlichem Eintreten schnell wieder in Richtung vertrauter Gefilde verlassen werden kann. Ein Ergebnis ist, dass die globalen Treibhausgasemissionen bis 2050 um mehr als 50% verringert werden müssen (im Vergleich zu 1990), um das Zwei-Grad-Ziel noch mit einer Wahrscheinlichkeit von 75% einzuhalten.[141]

Die weltweite Entwicklung spricht indes noch eine andere Sprache. Erfreulicherweise ist zwar in den Jahren 2014–2016 trotz jährlich über 3% Wirtschaftswachstum der globale Anstieg der CO_2-Emissionen durch Verbrennung fossiler und industrielle Prozesse deutlich langsamer verlaufen als in den Vorjahren, vor allem dank einer möglichen Kehrtwende in China. Nichtsdestotrotz erreichte im selben Zeitraum der Anstieg sowohl der CO_2- als auch der Methan-Konzentration in der Atmosphäre Rekordniveau.[142] Diese aktuelle Gesamtentwicklung reicht nicht aus, die Zielvorgaben des im Dezember 2015 in Paris ausgehandelten Klimavertrags zu erfüllen, und selbst wenn die derzeit in diesem Rahmen abgegebenen Versprechen der Länder zur zukünftigen Emissionsreduktion tatsächlich eingehalten werden, ist immer noch eine globale Erwärmung von 3,2 °C (Unsicherheitsbereich 2,6–4,0 °C) über das vorindustrielle Niveau zu erwarten.[143] Daher ist es ratsam, neben Optionen zur Vermeidung gefährlichen Klimawandels auch Optionen zur Anpassung an unvermeidlichen Wandel zu identifizieren.[144] Solche Anpassungsszenarien werde ich in den Folgekapiteln für die Schnittstelle zwischen Wasserversorgung und Landwirtschaft entwerfen – wohl wissend, dass Bevölkerungswachstum, Lebensstiländerungen und Ressourcenverknappungen zusätzliche schwergewichtige Einflussgrößen sind. Zunächst ist aber zu klären, wo und wie sich eine mehr oder minder starke Erderwärmung überhaupt auf die Wasserverfügbarkeit auswirken würde.

5.2 Wasserverknappung unter Klimawandel und Bevölkerungswachstum

Bei der Diskussion um den Grad der globalen Erwärmung ist zu bedenken, dass der Temperaturanstieg in den verschiedenen Regionen der Erde höher oder niedriger ausfällt als das globale Mittel. Bei einer globalen Erwärmung von im Durchschnitt 2 °C wäre es beispielsweise in Nordeuropa bereits um 2,5 bis 4 °C wärmer, mit einem noch deutlicheren Anstieg im Winter.[145] Außerdem sind pro Grad Erwärmung im Mittel etwa 2% mehr Niederschlag und um 23% intensivere Niederschläge[146] zu erwarten: Wärmere Luft kann mehr Feuchte halten, der Wasserkreislauf verstärkt sich. Auch die räumliche Verteilung der Niederschläge und, regional verschieden, ihre Menge ändern sich proportional zur Weltmitteltemperatur. Die Simulationen der globalen Klimamodelle unterscheiden sich zwar für einige Gebiete, doch zeigt sich relativ einhellig (zumindest in Szenarien mit hohen Emissionen und hoher globaler Erwärmung) eine Zunahme des Jahresniederschlags in hohen Breiten und in Teilen der Tropen wie in Ostafrika und Südasien. Eine Abnahme des mittleren Jahresniederschlags wird hingegen simuliert für einen Bereich, der sich von den südlichen USA, Mexiko und dem nördlichen Südamerika bis hinüber in den Mittelmeerraum und nach Vorderasien erstreckt, ferner für das südliche Afrika und das südliche Australien.[147] Mit anderen Worten: Insbesondere da, wo schon heute wenig Niederschlag fällt, würde es in Zukunft noch trockener werden, auch wegen der gleichzeitig steigenden Verdunstung. Außerdem würde die Variabilität der Niederschläge in vielen Gebieten zunehmen, so dass es durchaus sein kann, dass sich Dürreperioden und Starkregenereignisse gleichermaßen intensivieren; unter anderem für Mitteleuropa ist das ein recht wahrscheinliches Szenario. Projektionen zukünftiger Dürren sind naturgemäß sehr unsicher wegen der Schwierigkeit, die auf unterschiedlichen Raum- und Zeitskalen ablaufenden, zwischen Atmosphäre, Ozean und Landoberfläche rückgekoppelten Mechanismen in Klima- und Wassermodellen abzubilden. Dass aber besonders die Gebiete, für die eine Abnahme der mittleren Niederschläge simuliert wird, für häufigere und intensivere Dürren prädisponiert sind, lässt sich immerhin aus bestehenden Szenarien ableiten. Beispielsweise zeigt mehr als die Hälfte der führenden Modelle in einem aktuellen Vergleich, dass Ende dieses Jahrhunderts allein aufgrund eines unvermindert fortschreitenden Klimawandels auf mehr als 40 % der Landfläche intensivere hydrologische Dürren zu erwarten sind[148] – umso ausgeprägter, je höher die Weltmitteltemperatur steigt.

Also sind folgende orientierenden Fragen wichtig: Was würde eine globale Erwärmung von zwei, drei, vier oder fünf Grad für die weltweite Wasserverfügbarkeit und Landwirtschaft bedeuten? Welche Folgen ließen sich also vermeiden, wenn die mittlere Erwärmung noch auf maximal 2 °C beschränkt werden könnte? Bei welchem Erwärmungsniveau werden für Wasserversorgung und Landwirtschaft kritische Verhältnisse erreicht, und wo? Wie wichtig ist der Klimawandel überhaupt im Verhältnis zu der erwarteten höheren Nachfrage nach Wasser und Lebensmitteln?

Dazu schauen wir uns zunächst die Resultate zweier in den renommierten Wissenschaftsjournalen PNAS und ERL publizierten, am Potsdam-Institut für Klimafolgenforschung

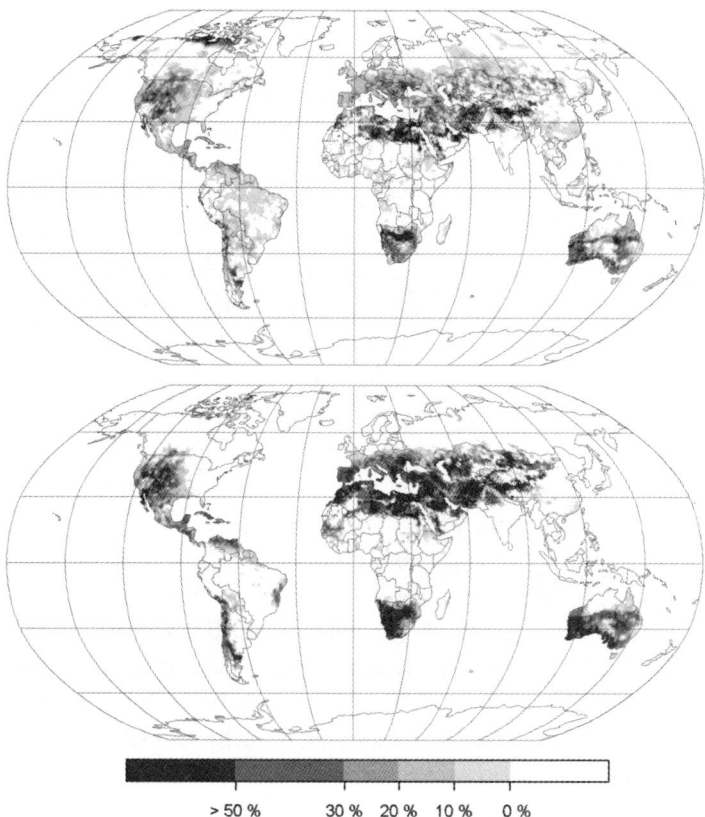

> 50 %   30 %   20 %   10 %   0 %

Abbildung 8: Prozentuale Abnahme der mittleren jährlichen Verfügbarkeit blauen Wassers in Flüssen, Seen, Talsperren und Grundwasserleitern im Vergleich zum Durchschnitt 1971–2000, falls eine mittlere Erderwärmung von 2 °C (oben) oder 5 °C (unten) über das vorindustrielle Niveau eintritt.[150] Die in weiß dargestellten Gebiete zeigen in der Regel einen Anstieg der Wasserverfügbarkeit.

koordinierten Studien an.[149] In diesen umfassenden Untersuchungen wurden zukünftige weltweite Änderungen in der Wasserverfügbarkeit berechnet, und zwar unter Berücksichtigung verschiedener Klima-, Wasserhaushalts- und Bevölkerungsprojektionen. Die Ergebnisse zeigen, dass schon bei einer Erderwärmung von «nur» 2 °C gegenüber dem vorindustriellen Niveau größere Gebiete in Europa (besonders der Mittelmeerraum), Nordafrika, Vorderasien, Teile von Australien, Nord- und Südamerika, Teile Chinas und schließlich Südafrika von einer signifikanten Abnahme des (blauen) Wasserdargebots betroffen sein werden. Gleichzeitig zu diesen Veränderungen würden Niederschlag und Abfluss nördlich des 60. Breitenkreises, in Indien und in Ostafrika steigen (siehe Abbildung 8 oben). Allerdings hängt das genaue Muster vom Klimamodell ab, weil diese Modelle sich, wie oben angemerkt, vor allem hinsichtlich der räumlichen Verteilung und Höhe der simulierten Niederschlagsänderungen unterscheiden.

Im Endergebnis würden allein durch die globale Erwärmung, selbst wenn sie auf 2 °C begrenzt bliebe, fast eine halbe Milliarde mehr Menschen in Flussgebieten leben, wo sich chronischer Wassermangel verschärft oder neu einstellt. Bei einer weiteren globalen Erwärmung würde, wie die untere Abbildung 8 zeigt, der Wassermangel räumlich noch weiter ausgreifen und sich in einigen Regionen weiter intensivieren, besonders dort, wo es heute schon recht trocken ist. Der Klimawandel würde also den Druck auf die Wasserressourcen, der sich – wie in den vergangenen Jahrzehnten – ohnehin durch den in vielen Ländern erwarteten Bevölkerungszuwachs stark erhöhen wird, weiter zuspitzen.

Die Folgen extremer, nichtlinearer oder neuartiger Ereignisse – große Dürren, abnehmende Gletscherzuflüsse, zur Neige gehende fossile Grundwasserressourcen, ausbleibender Monsun – sind in diesen Szenarien noch nicht einmal akzentuiert wegen der Schwierigkeiten, sie in globalen Klima- und Wassermodellen ausreichend genau darzustellen. Beispielsweise würde allein in den Einzugsgebieten des Indus und des Brahmaputra ein mittelschwerer Rückgang der Gletscherzuflüsse die (bewässerte) Nahrungsmittelproduktion für 60 Millionen Menschen gefährden. Da der Schmelzwasseranteil in einem Gebirgsfluss stromabwärts immer weiter abnimmt, wären die Bewohner der mittleren Flussabschnitte stärker vom Rückgang betroffen als das meist am dichtesten besiedelte und landwirtschaftlich genutzte Tiefland. In vielen Gebieten ist allerdings davon auszugehen, dass sich die Wassermenge in den Flüssen wegen der höheren Schmelzraten zunächst erhöht, oder dass das spätere Ausbleiben des Gletscherbeitrags durch höhere Niederschläge ausgeglichen wird. So gilt auch in der Gletscherfrage: Die weltweite Wassersituation ist ein regelrechtes Mosaik und daher räumlich und zeitlich differenziert zu betrachten.[151]

Leider würden die oben diskutierten nachteiligen Wirkungen eines veränderten Klimas auf die Verfügbarkeit blauen Wassers in ähnlicher Weise auch das grüne Wasser betreffen: Der von den Klimamodellen für einige Gebiete simulierte Rückgang der Niederschläge führt zu einem Rückgang des im Boden gespeicherten Wassers, außerdem treiben die höheren Temperaturen den Wasserbedarf und die Verdunstung der Pflanzen in die Höhe. In vielen Regionen (darunter Südeuropa, Südasien und der Sahel) käme es so zu einer stärkeren Wasserlimitierung des Wachstums landwirtschaftlicher Pflanzen. Allein schon zur Stabilisierung des heutigen Produktionsniveaus müsste dann mehr grünes oder blaues Wasser aufgewendet oder das vorhandene Wasser effizienter genutzt werden.

Interessant ist nun allerdings, dass sich die steigende atmosphärische Konzentration des Treibhausgases CO_2 direkt auf den Wasserbedarf und das Wachstum von Pflanzen auswirkt, und zwar in positivem Sinne. Der zugrunde liegende Mechanismus wurde in zahlreichen Labor- und Freilandexperimenten beobachtet: Wird die CO_2-Konzentration der Umgebungsluft erhöht, öffnen Pflanzen aktiv ihre Stomata weniger weit

oder über einen kürzeren Zeitraum des Tages. Diese Selbst-
regulation bedeutet, dass pro Einheit pflanzenverfügbaren Bodenwassers mehr CO_2 aufgenommen werden kann – die Wasserproduktivität der Pflanzen steigt, mehr Biomasse wird
aufgebaut. In dieser Hinsicht hätten wir es mit einem begüns-
tigenden Nebeneffekt des anthropogenen CO_2-Anstiegs zu
tun, der den ansonsten eher negativen Effekt des Klimawandels teilweise neutralisiert. Die steigende Wasserproduktivität
würde sich auch auf den Bewässerungsbedarf der Pflanzen
auswirken und den globalen Anstieg dieses Bedarfs drosseln,
der infolge des Klimawandels und der erhöhten Nachfrage
nach Nahrungsmitteln zu erwarten ist.[152]

In der Tat gibt es inzwischen die Beobachtung, dass der
Wassereinspar- und «Düngungseffekt» der bislang erfolgten
Anreicherung der Atmosphäre mit CO_2 bereits das Vegeta-
tionswachstum stimuliert. Das ist insbesondere in Trockenregionen so, wo schon kleine Verbesserungen der Wasserproduktivität zu einer höheren Biomasse bzw. einer Ausweitung
der Pflanzendecke führen.[153] Die mit dem direkten CO_2-Effekt
zusammenhängenden gegenläufigen Veränderungen der Verdunstungsraten – einerseits wird pro Pflanze weniger Wasser
durch die Stomata befördert, andererseits steigt die Gesamt-
transpiration wegen des Zuwachses an Vegetation – scheinen
auch schon die Wassermenge in Flüssen zu verändern.[154]

Noch weitgehend offen ist aber, ob der positive CO_2-Effekt
vor allem bei landwirtschaftlichen Pflanzen in Zukunft tatsächlich so wirkungsvoll sein kann, wie es Experimente und
Modellrechnungen vermuten lassen. Mittlere Schätzungen gehen von immerhin 13 % Ertragssteigerung bei einer Verdopplung der CO_2-Konzentration aus (mit Unterschieden zwischen
verschiedenen Pflanzentypen),[155] andere Studien halten auch
deutlich höhere Anstiege für möglich. Insbesondere Hitzestress
kann die Pflanzen direkt schädigen und deutliche Ertragsmin-

derungen herbeiführen; Wetterextreme aller Art – die ja eine Facette des Klimawandels darstellen – scheinen den CO_2-Effekt auszubremsen. Letztlich kommt es vor allem darauf an, inwieweit andere Faktoren das Wachstum einschränken: Bleiben Ernten durch Schädlingsbefall, Krankheiten oder Witterungsextreme aus oder ist – wie in vielen Ländern des Südens – die Versorgung mit Nährstoffen ein limitierender Faktor, wird auch das CO_2 keinen Zugewinn des Ertrags bringen. Bedenklich ist außerdem, dass durch die CO_2-«Düngung» zwar die Biomasseproduktion steigt, aber der Mineralien-, Protein- und Vitamingehalt der Pflanzen sinkt. Obwohl von entscheidender Bedeutung für Ernährung und Gesundheit, werden solche Aspekte der Nahrungsmittelqualität in den meisten Szenarien zur zukünftigen Welternährung noch gar nicht bilanziert.[156]

Als Fazit bleibt: Selbst wenn man nun von einem optimalen CO_2-Effekt ausgeht und das auf den (derzeit als solche genutzten) Acker- und Weideflächen vorhandene grüne Wasser einbezieht, wird sich der Wassermangel infolge von Klimawandel und Bevölkerungswachstum bis zum Ende dieses Jahrhunderts in vielen Gegenden deutlich verschärfen. Die Gesamtbevölkerung der Länder, deren blaue und grüne Wasserressourcen nicht ausreichen, um Nahrungsmittel in Höhe von 3000 kcal/Kopf/Tag selbst zu produzieren, kann zum Ende dieses Jahrhunderts auf 3,5 bis 6,1 Milliarden ansteigen, je nachdem, wie weit der Klimawandel voranschreitet und ob man ein nur noch langsames (auf eine Weltbevölkerung von knapp 8 Milliarden hinauslaufendes) oder ein starkes Bevölkerungswachstum (12 Milliarden) zugrunde legt.[157]

Bei einem konzertierten Vergleich der führenden globalen Agrarproduktions- und Wasserverfügbarkeitsmodelle hat sich vor kurzem herausgestellt, dass Ausblicke zur zukünftigen globalen Landwirtschaft die regionalen Wasserbeschränkungen und deren Veränderungen infolge des Klimawandels nur unzureichend berücksichtigen, sie also oft zu optimistisch sind.[158] Gemäß einem Bericht des World Resources Institute[159] können die Herausforderungen für die globale Landwirtschaft der kommenden Jahrzehnte wie folgt zusammengefasst werden:

• Die Weltbevölkerung wird auf über 9 Milliarden im Jahr 2050 ansteigen.

• Sehr wahrscheinlich werden sich mindestens 3 Milliarden mehr Menschen von einem höheren Anteil an ressourcenintensiven Produkten (Fleisch, Pflanzenölen) ernähren wollen.

• Derzeit leiden noch immer rund 800 Millionen Menschen an chronischer oder akuter Unterernährung; im subsaharischen Afrika betrifft dies über 30% der Bevölkerung. Diese Unterernährung ist zu eliminieren.

• Selbst wenn die gesamte heute produzierte Kalorienmenge gleichmäßig auf 9,6 Milliarden verteilt würde und bei Produktion und Verteilung keinerlei Verluste mehr anfielen, würden noch über 200 kcal/Person/Tag fehlen, um auf das empfohlene Niveau von 2300 kcal/Person/Tag (Nahrungsmittelverluste nicht einbezogen) für alle zu kommen. Bleiben die Verluste anteilsmäßig so hoch wie heute, entstünde sogar eine Lücke von fast 1000 kcal/Person/Tag. Die heutige Kalorienproduktion ist also in keinem Falle ausreichend, um die zukünftige Weltbevölkerung zu ernähren.

• Um die Gesamtlücke von 6,5 Billiarden kcal/a (+69%), die sich im Vergleich zum Niveau 2006 auftut, zu schließen, müsste bis 2050 die Kalorienproduktion um 11% stärker steigen als im gleich langen Zeitraum 1962–2006.

• Im Sinne einer dringenden Schonung von Ökosystemen und Wasserressourcen und aufgrund von Konkurrenzen um Land und Wasser sollte diese zusätzliche Nahrungsmittel-

produktion ohne eine weitere Ausdehnung der landwirtschaftlichen Fläche und ohne größere Ausweitung der
Bewässerung geschehen, bei gleichzeitiger Reduktion landwirtschaftlicher Treibhausgas- und Schadstoffemissionen.

Im Prinzip geht es also um Hunger- und Armutsbekämpfung
unter Einhaltung der verschiedenen planetaren Grenzen (die
nicht nur für die Wassernutzung und den Klimawandel, sondern zum Beispiel auch für die Landnutzung, die Biodiversität
und den Stickstoff- und Phosphorkreislauf definiert sind).
Diesen Spagat zu bewältigen bedeutet nichts anderes als eine
radikale Umkehr hin zu einer nachhaltigeren Land- und Wasserwirtschaft.[160]

6 Wege zur Wassereinsparung in der Landwirtschaft

6.1 Zurück aus der Zukunft

Denken wir uns einmal den Besuch eines Zeitreisenden aus einer utopischen Welt um das Jahr 2050, in der es gelungen sein wird, neun Milliarden Menschen gesund zu ernähren und dennoch Wasser und Land weltweit nachhaltig zu nutzen. Was könnte uns diese Person darüber erzählen, mit welchen (uns Heutigen vielleicht noch wenig vertrauten) Varianten der Wassernutzung und -einsparung dies möglich ist? Malin Falkenmark und Kollegen haben solche Portfolios erstellt. Ihre Überschlagsrechnung ergibt, dass bei einer Weltbevölkerung von 9,1 Milliarden Menschen 4500 km³/a mehr Wasser benötigt wird als im Jahr 2000 (dies wiederum gemessen an dem globalen Bedarf zur Produktion der bereits mehrfach erwähnten Referenzdiät von 3000 kcal/Kopf/Tag).[161]

Das vorgeschlagene Spektrum an Optionen, diese eminente landwirtschaftliche «Wasserlücke» zu schließen, setzt sich aus zwei komplementären Strategien zusammen (siehe Abbildung 9). Zum einen geht es darum, den Wasserbedarf zu drosseln bzw. die Wassernutzungseffizienz zu erhöhen. Dies beinhaltet, wie schon in Abschnitt 2.4 angedeutet, die Verbesserung der Wasserproduktivität landwirtschaftlicher Produkte durch verschiedenste Formen der Wasser- und auch Bodenbewirtschaftung sowie eine Reduzierung des Anteils tierischer Produkte an der Ernährung. Die Vermeidung von Wasser- und Nahrungsmittelverlusten und die Minimierung von Über-

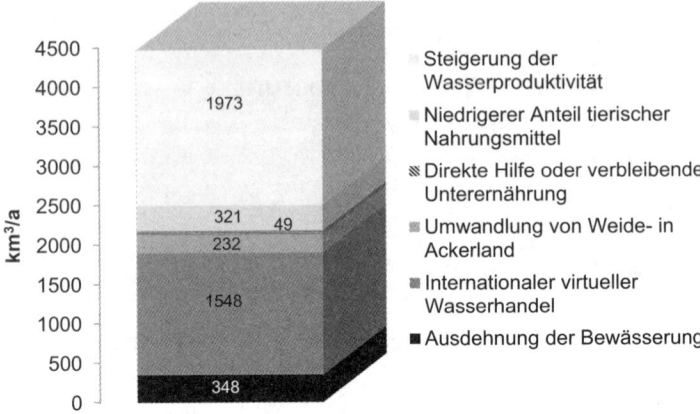

Abbildung 9: Optionen zur Schließung der bei einer Weltbevölkerung von 9,1 Milliarden entstehenden globalen Wasserlücke in der Landwirtschaft von rund 4500 km³/a. Gezeigt ist der geschätzte jeweilige Beitrag in Kubikkilometern pro Jahr.[62]

ernährung gehören auch in diese Kategorie. Außerdem würde natürlich ein geringeres Bevölkerungswachstum einen niedrigeren Bedarf bedeuten – von den 9 Milliarden sind wir allerdings gar nicht mehr so weit entfernt. Zum anderen bleibt es wohl wichtig, weitere blaue und grüne Wassermengen zu erschließen durch Umwandlung urbaren Weidelands in Ackerland (im Einklang mit der verminderten Erzeugung tierischer Produkte) und maßvolle Ausdehnung der Bewässerungsflächen. Schließlich wird es unvermeidlich sein, Erzeugnisse, die in Gegenden mit Wasserüberschuss angebaut wurden, in eher wasserarme Gegenden zu bringen, also den virtuellen Wasserhandel zu optimieren. Letzteres (mit einem vermuteten globalen Einsparpotential von >1500 km³/a) und die Steigerung der Wasserproduktivität (Einsparung fast 2000 km³/a) sind nach dieser Berechnung die quantitativ bedeutsamsten Maßnahmen.

Das Interessante an dieser überschlägigen Analyse ist, dass sich ein Großteil der Lücke durch Maßnahmen schließen lässt, die kein zusätzliches Wasser benötigen. Die in den nächsten Kapiteln folgende Aufschlüsselung der verschiedenen Möglichkeiten – und ihrer Grenzen – zeigt notwendige Alternativen auf für eine Welt, die sich in den vergangenen Jahrzehnten sehr dem in Kapitel 2 beschriebenen harten Pfad des Wassermanagements verschrieben hat. Eine Welt, in der deshalb «die wirtschaftliche Produktivität und das politische Gleichgewicht [...] in hohem Maße von der Robustheit, Sicherheit und stetigen innovativen Weiterentwicklung miteinander verbundener gigantischer Dämme, Elektrizitätswerke, Aquädukte, Reservoire, Pumpen, Pipelines, Abwasser- und Kläranlagen, Bewässerungskanäle, Entwässerungssysteme und Deiche abhängig ist», und eine Zeit, in der die «Wassernutzung und -infrastruktur im Zentrum der miteinander verstrickten Herausforderungen von Nahrungsmittel-, Energiemangel und Klimawandel stehen», wie es Steven Solomon in seiner Globalgeschichte der Wassernutzung formuliert hat.[163]

Zu allem Überdruss führt der globale Klimawandel nun auch noch dazu, dass das natürliche Wasserdargebot nicht länger als «stationär» betrachtet werden kann. Der Stationaritätsgedanke ist ein Fundament bisheriger Wasserwirtschaft. Er geht davon aus, dass das Wasserdargebot innerhalb eines bekannten (im 20. Jahrhundert beobachteten) Schwankungsbereiches bleibt. Mit dem eingetretenen «Tod der Stationarität»[164] muss aber Abschied genommen werden von einer solchen Planungssicherheit, insbesondere wenn sie darauf getrimmt ist, «dass Wasser immerfort bereitstehen muss, sobald Privatkunden ihren Wasserhahn aufdrehen; wenn Bauern es während kritischer Wachstumsphasen benötigen; um Fischen bei Niedrigwasserabfluss abzuhelfen; und um Turbinen von Wasserkraftanlagen während Nachfragespitzen anzuwerfen».[165] Was nun zu begrüßen wäre, sind flexiblere, lokal-spezifische Wasserversorgungssysteme, die den steten Wandel zum Kernstück haben und für Instabilitäten bzw. über-raschende Entwicklungen gewappnet sind, und die den un-übersehbaren Problemen der bisher vorherrschenden Praxis entgegentreten. Gibt es Anzeichen für einen solchen Um-schwung?

6.2 Hin zum «weichen Pfad»: Paradigmenwandel in der Wasserwirtschaft

Um die Jahrtausendwende wurde vermeldet, dass sich gerade ein Paradigmenwandel vollziehe, demgemäß Wasserprobleme und ihre Lösungen nun völlig anders als im 20. Jahrhundert verstanden würden.[166] In den 1960er Jahren hatte man auf die Erschließung neuer Ressourcen durch Staudämme, Pipelines, Ausdehnung von Bewässerungsflächen usw. gesetzt, ganz in der Tradition der Jahrzehnte zuvor (Abschnitt 2.1). Diese Epoche stand also noch unter dem Zeichen der Machbarkeit, der Suche nach immer mehr Wasser und der maximalen wirt-schaftlichen Inwertsetzung des «blauen Golds». Dabei wurden die ökologischen Belastbarkeitsgrenzen immer weiter ausge-reizt, sofern neue Technologien diesen Spagat noch ermöglich-ten. In den 1990er Jahren, als bereits in vielen Regionen kaum mehr neues Wasser zu holen war, wurde verstärkt zu dessen effizienterer und sparsamerer Nutzung aufgerufen – sozusa-gen «die letzte Oase», die der Menschheit noch bleibe.[167] Der darauffolgende und noch andauernde Wandel hat nun aber Facetten, die noch viel konsequenter mit «traditionellen» Vor-stellungen und Praktiken brechen als die vorangegangenen Perspektivänderungen. Peter Gleick zufolge kennzeichnen ihn in der Hauptsache die folgenden Aspekte:

- Ein Ende der Zielsetzung, immer mehr und immer neue Wasserressourcen zu erschließen, um alle bestehenden und imaginierten Bedürfnisse zu befriedigen.
- Die Forderung, allen Menschen eine Mindestwasserversorgung zur Deckung ihrer Grundbedürfnisse zu garantieren.
- Ein bewusster Bruch mit der Vorstellung, dass Wassernutzung an wirtschaftliches Wachstum gebunden ist bzw. zur Profitmaximierung eingesetzt wird.
- Die Hinwendung zu Wasserversorgungstechniken, die keiner neuen Großbauten und keines Wassertransfers über weite Strecken hinweg bedürfen.
- Die in vielen Gebieten zu beobachtenden Versuche, Wasser effizienter zu nutzen, die Wassernachfrage besser zu regeln und (begrenzte) Umverteilungen zu arrangieren.
- Vermehrte Erklärungen, gewässerökologische Kriterien in der Wasserbewirtschaftung zu berücksichtigen und weniger in die natürlichen Flussläufe einzugreifen.
- Eine generell erhöhte Sensibilität für den Zusammenhang zwischen Wasserverfügbarkeit, Landnutzung und Nahrungsmittelerzeugung.

Vor allem die *Soft-path*-Strategie erlangt in diesem Kontext Prominenz: die Kombination von sorgsam geplanten und koordinierten zentralen Infrastrukturen mit kleinskaligen, dezentralen Bewirtschaftungsmethoden. Weitere Elemente dieses im Gegensatz zum harten Pfad konzipierten «weichen Pfads» sind die Erhöhung der Wasserproduktivität, eine faire Preispolitik,[168] die gerechte Wasserzuteilung und die Beteiligung der lokalen Bevölkerung bzw. der verschiedenen Nutzer an diesen Wasserentscheidungen.[169] Gleicks Beobachtung beschreibt einen postmodernen Wandel, wie ihn auch Malin Falkenmark und Kollegen bereits Ende der 1980er Jahre gefordert hatten: «Die Frage ist *nicht*», so hieß es, «wie viel Wasser wir brauchen und woher es kommen soll, sondern: wie viel Wasser ist da, und wie können wir dieses am besten für uns nutzen?»[170] Auch eine 2013 im Rahmen einer Bonner Tagung des von hochrangigen Wissenschaftlern betriebenen Global Water System Project abgegebene Erklärung[171] gibt sich davon überzeugt, dass die für Milliarden von Menschen (als Folge von Missmanagement, Übernutzung und Klimawandel) drohenden bzw. bereits manifesten Wasserprobleme selbstverschuldet sind: Weltweit würden Tag für Tag Millionen individueller Fehlentscheidungen bezüglich der Nutzung von Wasser getroffen. Mittels einer die Ressourcen und die Ökosysteme schonenden Praxis als Alternative zu kurzfristigem Gewinnstreben seien die allermeisten Probleme (und die wegen vorhergehender Fehler notwendigen Reparaturen) sogar gänzlich vermeidbar.

Damit ist das Augenmerk nicht mehr auf die weitere Aneignung der natürlichen Wasservorkommen, sondern auf die soziale Seite, die gesellschaftlichen Konsumstrukturen gerichtet. Nicht mehr auf das «Wie», sondern auf das «Wozu» der Wassernutzung. Auf Wege zur Genügsamkeit. Dieser Gegenvorschlag ist ein Affront gegen die bisher häufig geübte Praxis und das zeitgenössische Verständnis von Wasser schlechthin. Für einige Akteure bedeutet seine konsequente Verwirklichung den Verlust von Macht, Entscheidungsgewalt, Planungssicherheit, Ansehen, Geld.

Richtiggehende Streitigkeiten gibt es infolge eines weiteren, zeitgleich ablaufenden Wandels, der dem Paradigma einer sozial und ökologisch nachhaltigen Wassernutzung entgegenarbeitet: nämlich des vielfach geplanten und teilweise trotz aller Widerstände vollzogenen Übergangs von der staatlichen zur privatwirtschaftlichen Wasserversorgung – ganz im Sinne der nach der Weltwasserkonferenz 1992 in Dublin verabschiedeten Prinzipien.[172] Laut der Privatisierungskritikerin Maude Barlow kristallisieren sich in der Frage, ob Wasser als ein Gemeingut behandelt werden sollte, die zwei großen zeitgenössischen Erzählungen über die Süßwasservorräte der Erde: «Auf der einen Seite steht eine mächtige Lobby von Machern, Politikern, internationalen Handels- und Finanzinstituten, Wirtschaftsberatern und internationalen Konzernen, für die Wasser eine Ware ist, die man wie jedes x-beliebige andere Gut auf dem freien Markt kauft und verkauft. Ihr gegenüber steht eine weltweite Basisbewegung, in der sich einzelne Gemeinden, Mittellose, Slumbewohner, Frauen, Ureinwohner und Kleinbauern engagieren, unterstützt von Umweltschützern, Menschenrechtsaktivisten, fortschrittlichen Wasserbehörden und -experten auf der Nord- und Südhalbkugel. Für sie ist Wasser ein Menschheitserbe und Gemeinschaftsgut, das zum Wohle aller bewahrt und verwaltet werden muss.»[173]

Nicht umsonst ist hier ja von Paradigmenwechseln die Rede – per Definition ein schwieriger und langwieriger Prozess. Erheblicher Gegenwind bleibt also nicht aus, und von einem besiegelten Umdenken oder gar einem endgültigen Vollzug der Umstrukturierungen kann noch keine Rede sein. Ferner ist nicht von einer gleichmäßigen Umsetzung, geschweige denn einer *One-size-fits-all*-Lösung auszugehen: Die regional so verschiedenen Wasserprobleme und Wassernutzungsstrukturen bedürfen eines jeweils anderen, mit den lokalen natürlichen, sozialen, ökonomischen und politischen Möglichkeiten abgestimmten Ansatzes. Umso besonnener, flexibler und vielseitiger muss die Verfahrensweise sein. Denn die Handlungsspielräume zukünftiger Gesellschaften sollen nicht abermals durch das Vermächtnis einer früheren (falschen) Wasserpolitik eingeengt und Herrschaftsverhältnisse nicht unhinterfragt reproduziert werden.

In den verschiedensten Gegenden der Welt abgegebene Absichtserklärungen schwören sich indes auf das neue Nachhaltigkeitsparadigma ein. Man will, zumindest auf dem Papier, von der strengen und zentralistischen *Command-and-control-*Philosophie zu einer reichhaltigeren Philosophie des *living-with-water* und des *living-with-change* übergehen, die vorherrschende betongraue Wasserinfrastruktur durch mehr und mehr «grüne» Infrastruktur bereichern.[174] Von besonderem Gewicht ist das inzwischen weit verbreitete Integrierte Wasserressourcen-Management (IWRM), das im Kern eine ausgewogene Wasserbewirtschaftung unter dezidierter Berücksichtigung sozialer und ökologischer Bedürfnisse ist. Trotz aller Fortschritte in der Praxis stößt dieses Konzept aber an seine Grenzen, unter anderem wegen der vielfach bestehenden institutionellen Trennung des Wasser-, Energie-, Landwirtschafts- und Umweltsektors.[175] Ähnlichen Grundsätzen folgen die Europäische Wasserrahmenrichtlinie (2000) – die im Übrigen entgegen den Dublin-Prinzipien anmerkt, dass Wasser keine übliche Handelsware ist – und die nach den um die Jahrtausendwende gehäuft aufgetretenen Flutkatastrophen aufgestellte Europäische Hochwasserrichtlinie (2007). Auch in Ländern wie China, Australien und Südafrika wurden in den letzten 20 Jahren Reformpakete verabschiedet, die ein Mitspracherecht von Akteuren auf allen Entscheidungsebenen, gerechtere Wasserzuteilungen und eine harmonischere Beziehung zu den naturräumlichen Gegebenheiten befürworten. In diese Kategorie gehört auch die gesamte Diskussion um die verbesserte Nutzung des grünen Wassers, die von dem Gedanken der «Resilienz» gerahmt wird. Diese weiterführenden Vorstellungen, auf denen auch die Idee der planetaren Grenzen beruht, besagen, dass der natürliche Wasserkreislauf nur zu einem gewissen Grad manipuliert werden sollte, damit die existentiellen Funktionen des Wassers für das Erdsystem und die menschliche Zivilisation nicht gravierend beeinträchtigt werden. Neuartige Gedanken sind hier die Integration verschiedener räumlicher Skalen, die koordinierte Bewirtschaftung von Land und Wasser über Einzugsgebietsgrenzen hinweg (unter anderem weil Landnutzungsänderungen den Niederschlag in anderen, zum Teil weit entfernten Regionen beeinflussen können) und die Vermeidung abrupter, möglicherweise unumkehrbarer Veränderungen in den Wasserkreisläufen.[176] Im Einklang mit der «Großen Transformation» hin zu klimaverträglichen Gesellschaften[177] geht es also auch im Wassersektor um Neuordnungen von Institutionen auf allen Ebenen (kommunal bis global), um Auflösung politischer Blockaden und Korruptionsbekämpfung. Letztlich steht seit den 1990er Jahren die Frage einer globalen Wasser-Governance zur Debatte – mit formalen und informellen multilateralen Partnerschaften, Vereinbarungen und Regelwerken zwischen verschiedensten Akteuren –, da ein alleiniger Fokus auf die lokale Skala leicht die Risiken und Chancen der nunmehr oft überregionalen bis globalen Wasservernetzungen übersieht. Klar ist aber, dass solche, über die bisherigen Kooperationen in grenzüberschreitenden Flussgebieten noch weit hinausgehende Regelwerke in der Vielfalt von Institutionen und soziohydrologischen Besonderheiten auf kleineren räumlichen und administrativen Skalen verankert sein müssen.[178]

Im Ganzen betrachtet scheint der Wandel immerhin die halbe Wegstrecke vom harten zum weichen Pfad zurückgelegt zu haben. Es hapert aber insbesondere noch an der praktischen Umsetzung der Beschlüsse aufgrund vielfältiger Resistenzen, alte Pfade zu verlassen und einen gesellschaftlichen Konsens für das Neue zu erreichen. Man mag einwenden, dass viele Regionen es sich aufgrund des zunehmenden Drucks auf die Wasserressourcen «nicht leisten können, einen sich meist über mehrere Generationen hinziehenden Paradigmenwechsel abzuwarten».[179] Den Wandel forcieren zu wollen, ist allerdings auch keine wirkliche Alternative, da radikale Umstürze existierende Spannungen und Konflikte eher noch vertiefen.

Wasserkonflikte

Wasserkonflikte gibt es ohnedies bereits genug – so viele und in so vielfältiger Form, dass mit jedem verstreichenden Jahr die globale Konflikt-Chronologie um etliche Einträge länger wird. Die Spanne dokumentierter Vorfälle reicht von Aufständen im Zusammenhang mit dem Bau von Staudämmen (vor allem den damit verbundenen Umsiedlungen und dem Abgriff von Wasser auf Kosten der Bewohner unterer Flussabschnitte) über Auseinandersetzungen um knappe Wasserressourcen in Dürrezeiten bis hin zu anekdotischen Begebnissen wie dem Übergriff eines durstigen Affenstamms im Jahr 2000 in Kenia, bei dem mehrere Personen verletzt und einige der Tiere getötet wurden.[180] Zu Wasserverteilungskonflikten, auch gewaltsamen, «zwischen Stadt und Land, zwischen Staat und einzelnen Provinzen, zwischen ethnischen Gruppen und ökonomischen Interessen»[181] kommt es häufig. Innerstaatliches Konfliktpotential gibt es beispielsweise in Indien, wo die Flüsse meist mehrere Bundesstaaten durchqueren und regionale Unabhängigkeitsbewegungen von Uneinigkeiten über die Besitzverhältnisse von Wasser beeinflusst sind.[182] Auch in die Ursachen des aktuellen syrischen Bürgerkriegs spielt offenbar eine mehrjährige (mit hoher Wahrscheinlichkeit durch den globalen Klimawandel bedingte), für das vergangene Jahrtausend einmalige Dürre hinein, die eine ausgeprägte Landflucht von Bauern in Richtung der Großstädte ausgelöst hat.[183]

Nur für internationale «Wasserkriege» gibt es zurzeit keinen wirklichen Anhaltspunkt; die Ursachen von Kriegen sind stets komplexerer Natur. Wasserressourcen bzw. -mangel spielen aber in einigen zwischenstaatlichen Auseinandersetzungen eine Rolle, insbesondere in Regionen, wo große Ströme oder wichtige Grundwasserleiter Landesgrenzen überschreiten.[184] Mal entwickeln sich im Verlauf solcher Kriege auch Wasserkonflikte, mal bricht die Wasserversorgung zusammen, mal werden Gewässer als Kampfobjekt bzw. Wassermangel als finale Waffe eingesetzt: Beispiele sind die gezielte Zerstörung von Staudämmen durch die

Alliierten im Zweiten Weltkrieg und – ganz verheerend mit mindestens 500 000 Toten – die Sprengung der Deiche des Gelben Flusses im Zweiten Japanisch-Chinesischen Krieg 1938. Perfide war auch das Verdurstenlassen von Hereros durch Kolonialherren in der damals (1904) deutsch-südwestafrikanischen Namib-Wüste und zuletzt im Irak und in Syrien, wo sich IS-Milizen sogar beider Taktiken bedienten und sowohl das Verdursten von Vertriebenen bewusst provozierten als auch mit der Sprengung des strategisch wichtigen Mossul-Staudamms gedroht und schließlich Teile der Stadt Rakka geflutet haben. Es ist sogar wahrscheinlich, dass die Verschärfung von Konflikten durch Klimawandel und Wasserarmut die Formierung solcher militanten Gruppen begünstigt.[185] Dies alles führt vor Augen, wie unmittelbar die direkte Abhängigkeit von einer funktionierenden Wasserversorgung im Ernstfall sein kann und wie elementar daher die Zusammenarbeit in Wasserbelangen ist. Man bedenke stets: Nach zwei bis maximal vier Tagen ohne Flüssigkeitsaufnahme stirbt der Mensch.

Da das Territorium von 148 Staaten in grenzüberschreitenden Flussgebieten liegt, sind internationale «hydrodiplomatische» Anstrengungen gefragt.[186] Tatsächlich handelte es sich bei den meisten offiziellen zwischenstaatlichen Interaktionen der jüngeren Zeit, die um internationale Gewässer geführt wurden, um Kooperationen. Fast 450 entsprechende Abkommen wurden bisher unterzeichnet (oft in Reaktion auf vorangehende Spannungen), was eine gute Nachricht ist, obgleich damit noch nicht alle wichtigen grenzüberschreitenden Flüsse erfasst sind. Tony Allan und andere Forscher denken darüber hinaus, dass virtueller Wasserhandel entscheidend dafür ist, dass praktisch noch keine bewaffneten Wasserkonflikte speziell im Nahen Osten ausgebrochen sind. Jedoch gibt es offenbar eine «hydrohegemoniale» Tendenz: Länder oder Interessengruppen mit einer Vormachtstellung (allgemein und/oder bezüglich des Wasserzugriffs) entscheiden schwelende Wasserkonflikte oft unausgesprochen zu ihren Gunsten, meistens, weil die Unterlegenen mangels Erfolgsaussicht keine Einsprüche wagen und sich mit suboptimalen Bedingungen zufrieden geben.[187]

Auch ist nicht aus dem Auge zu verlieren, dass die Folgen des Klimawandels, das weitere Bevölkerungswachstum und der Drang nach einem höheren, wasserintensiveren Lebensstandard ein Potential zur Eskalation inner- und zwischenstaatlicher Auseinandersetzungen in der Zukunft bergen, zumal wenn diese mit allgemeiner wirtschaftlicher und politischer Labilität sowie ethnischer Polarisation zusammentreffen. Das wäre insbesondere dann der Fall, so der Wasserkonflikt- und Wasserkooperationsforscher Aaron Wolf, «wenn der Wandel so schnell erfolgt, dass die institutionelle Kapazität nicht ausreicht, um ihn aufzunehmen und zu verarbeiten».[188] Eine geopolitisch beunruhigende Facette des Klimawandels ist jedenfalls, dass sich die Verteilung der Niederschläge, der Gletscherabflüsse und der Wasserressourcen allgemein in grenzüberschreitenden Flussgebieten ändern wird, mit noch unabsehbaren Folgen für das Erstarken alter und das Entstehen neuer Konflikte bzw. für die allgemeine Sicherheitslage. Der Wasserhistoriker und -politologe Terje Tvedt berichtet in diesem Zusammenhang von der besonders brisanten hydrologischen Ausgangssituation in den Staaten Südasiens, deren Wasserzufuhr sich aus Gletschern speist, die in anderen Ländern liegen (den «Wasserbanken der Region», die vor allem im Konflikt zwischen Pakistan und Indien eine bedeutende Rolle spielen). Wie werden sich der Klimawandel und die Gletscherschmelze auf diese Wasser-Fernverbindungen und auf die Beziehungen zwischen den Anrainerstaaten auswirken? Die Großregion Südasien ist diesbezüglich institutionell schwach aufgestellt und somit konfliktanfällig, denn dort sind erst wenige Wassernutzungsvereinbarungen ausgehandelt worden – nicht einmal zwischen den Großmächten Indien und China, weshalb man China in einer hydrohegemonialen Position gegenüber den stromabwärts gelegenen Ländern sehen kann.

Schließlich sind noch weiter zunehmende Wasserprobleme das Letzte, was die ohnehin stark krisengeschüttelten und kriegsgebeutelten Trockenregionen weiter westlich – in Nordafrika, dem Nahen und dem Mittleren Osten (dem Fruchtbaren Halbmond) – gebrauchen können.[189] Allerdings werden gerade für diese Regionen zurückgehende Niederschläge und häufigere Dürren prognostiziert, wenn der globale Klimawandel nicht gebremst wird. So bleibt die vage Hoffnung, dass eines Tages das Wasser als Kulturen und Völker verbindende Brücke beispielsweise entlang der historischen Seidenstraße begriffen und grenzüberschreitend verwaltet wird.[190]

Eines von vielen Beispielen für gewaltfreie Problemlösungen findet sich im Einzugsgebiet des Murrumbidgee-Flusses, einem Teil des fruchtbaren Murray-Darling-Beckens in Südostaustralien. Das Gebiet ist für seine intensive Bewässerung bekannt; vor allem im Gefolge der Dürren der letzten Jahre wird dort das Missverhältnis zwischen dieser Wassernutzung und dem Wasserbedarf zur Aufrechterhaltung der Ökosysteme heiß debattiert. Für die Wasserwirtschaft im Murrumbidgee-Gebiet und das Verhalten der dortigen Bevölkerung lässt sich nun aber beobachten, dass das Pendel umgeschlagen ist: weg von der unbedingten Wasserbereitstellung zur Bewässerung der Landwirtschaftsflächen um jeden Preis, hin zur Wiederherstellung der dadurch geschädigten flussnahen Ökosysteme bzw. zur Vermeidung negativer Entwicklungen.[191] Dieser mentale wie praktische Wandel hat offenbar seine Ursache darin, dass die im vergangenen Jahrhundert ermöglichte Expansion der landwirtschaftlichen Produktion und die damit einhergehende Attraktivitätssteigerung dieser Gegend spätestens um 1990 ein Ende gefunden hat. Eingeleitete Maßnahmen zur Bekämpfung von Problemen wie der Bodenversalzung oder der Eutrophierung von Reservoiren hatten einen Rückgang der landwirtschaftlichen Produktion und eine Abwanderung größerer Bevölkerungsteile aus dem Ober- und Mittellauf des

Flussgebietes nicht mehr verhindern können, zumal die Region im letzten Jahrzehnt zusätzlich unter einer mehrjährigen Dürre zu leiden hatte.

Hier ist also ein Mentalitätswandel nicht allein durch Reflexion und graduelle Änderungen, sondern, wie so oft, erst durch eine Krisensituation forciert worden, die die bisherige Wassernutzungspraxis an ihre Grenzen geführt hat. Gleichzeitig ist dieser Prozess ein anschauliches Beispiel dafür, dass menschliche Gesellschaften und ihre Umwelt über die Zeit «koevolvieren», sie sich also in einer Art «soziohydrologischen» Kreislaufs in steter Wechselwirkung befinden. Für einige Jahrzehnte haben sich Wasser- und Landbewirtschaftung (Bewässerung, Talsperrenbau) und wirtschaftlicher Aufschwung der Murrumbidgee-Region gegenseitig bestärkt, doch ab einem bestimmten Punkt kam eine negative Rückkopplung zum Tragen: Die wirtschaftliche Entwicklung stieß auf Ressourcengrenzen, was zunächst die Landwirte durch Ernteeinbußen direkt betraf und dann auch ihre Einstellung änderte. Die daraufhin eingeleitete nachhaltigere Entwicklung wirkt wiederum positiv auf die Wasservorräte und Ökosysteme zurück, mit abermals neuen Rückwirkungen auf die Gesellschaft und ihre Wasserinstitutionen – ein Beispiel dafür, dass ein Umschwung auf den «weichen» Pfad der Wasserbewirtschaftung sich in verschiedenen ökologischen und sozialen Dimensionen entfaltet.

6.3 Innovative Nutzung blauen und grünen Wassers: ein weites Spektrum

Welche Maßnahmen zur nachhaltigeren Bewirtschaftung grünen und blauen Wassers verbergen sich nun aber konkret hinter dem «weichen» Pfad? Es gibt darauf keine simple Antwort, denn die Vielfalt ist enorm; jede Region, jeder Kontext bietet andere Möglichkeiten. Um den Wissensstand und den bisherigen Erfahrungsschatz einigermaßen systematisch zusammenzufassen, beschreibe ich im Folgenden die wichtigsten Maßnahmen anhand von Beispielen und bilanziere dabei noch einmal etwas genauer als in Abbildung 9, wie groß deren jeweilige Potentiale zur globalen Einsparung von Wasser und auch zur Steigerung der landwirtschaftlichen Erträge sind. In den sich anschließenden Kapiteln diskutiere ich dann weitere Optionen, die über die effizientere Wassernutzung hinausgehen und die Nachfrageseite einbeziehen, darunter die in Abschnitt 2.4 aufgeworfene Frage nach der Ernährungszusammensetzung.

Zunächst zur Möglichkeit einer Ausdehnung der globalen Bewässerungsfläche. Die Welternährungsorganisation FAO erwartet, dass sich diese Fläche bis 2050 nicht mehr wesentlich erhöhen wird, von derzeit gut 300 auf etwa 320 Millionen Hektar, vor allem in (sub)tropischen Ländern. Laut den in Abbildung 9 wiedergegebenen Schätzungen kann diese moderate Ausdehnung (bei einem zusätzlichen Einsatz blauen Wassers in Höhe von maximal 350 km³/a) höchstens 8% zur Schließung der zukünftigen globalen Wasserlücke beitragen. Das Potential ist (auch von anderen Institutionen) aus gutem Grund sehr vorsichtig angesetzt, denn die Konkurrenz mit weiteren Wassernutzern – vor allem der Industrie – wird deutlich zunehmen (vgl. Abschnitt 2.2), das fossile Grundwasser ist vielfach im Schwinden begriffen, immer wieder müssen Flächen wegen Versalzung, Degradation und Wasserarmut aus der Nutzung genommen werden, und die Auswirkungen des Klimawandels können noch so gut durchdachten Anstrengungen einen gehörigen Strich durch die Rechnung machen. Unsicher ist ferner, wie sich der wachsende Welthandel, die Änderung der Ernährungsgewohnheiten und die erhöhte Nachfrage nach Bioenergie auf die Ausbreitung bewässerter Ackerflächen auswirken werden.[192] Mich stimmt vor allem skeptisch, dass viele Szenarien zum Potential von Bioenergieplantagen, die dem Klimawandel durch Entzug von CO_2 aus der Atmosphäre effektiv gegensteuern sollen, implizit oder explizit von erheblichen Anstiegen der Bewässerungsflächen und -mengen ausgehen. Klar ist zumindest, dass der Bioenergieanteil und der daran gekoppelte Wasserverbrauch umso höher werden müssen, je länger eine Dekarbonisierung der Gesellschaft auf sich warten lässt bzw. je stärker sich bei deren Verzug das Klima verändert. Außer den erwartbaren direkten Folgen des Klimawandels liefern also auch die sich durch notwendig werdende Gegenmaßnahmen verschärfenden Wasserengpässe schlagende Argumente für sofortige drastische Emissionsreduktionen. Ein mögliches hydrologisches Dilemma ist, dass die Auswirkungen der Bewässerung von Biomasseplantagen stärker sein könnten als die Auswirkungen des durch ebendiese Maßnahmen vermiedenen Klimawandels. Zudem wäre großräumige Bioenergieproduktion nicht nur aus Wassersicht problematisch, sondern sie würde auch andere globale Umweltdimensionen verletzen. Vor allem ist dafür kaum noch Platz, es sei denn, noch mehr Land wird kultiviert mit entsprechenden Konsequenzen für die Biodiversität, oder die ohnehin nur noch begrenzt mögliche Ausdehnung der (nicht bewässerten) Landwirtschaftsfläche wird stark beschränkt.[193]

Die sich immer stärker abzeichnenden Nutzungskonflikte zwischen Wasser, Landwirtschaft und Energie/Klima – und entsprechende integrierte Lösungsmöglichkeiten – werden seit einigen Jahren unter dem Stichwort «Nexus» in Wissenschaft und Politik diskutiert. Gegenstand dieser Diskussionen sind unter anderem sinnvolle Alternativen zur Ausweitung der Bewässerungsfläche (und zu den prekären Plänen, weitere Mega-Staudämme und -Kanäle zu bauen, vgl. Abschnitt 2.1). Ein offensichtlicher Kandidat ist die Steigerung der Effizienz bestehender Anlagen, denn weltweit geht mehr als die Hälfte des zur Bewässerung entnommenen blauen Wassers durch unproduktive Verdunstung und Versickerung verloren. Wenig effizient ist zum Beispiel die sogenannte Oberflächenbewässerung, bei der das Wasser in Becken oder Furchen über längere Zeiträume hinweg auf größeren Flächen gestaut wird und verdunstet, bevor es zu seinem eigentlichen Ziel, den Pflanzen, gelangt. Auch großflächige Beregnungstechniken (mit Sprinkleranlagen) weisen Wasserverluste in einer Größenordnung von 25–35 % auf, unter anderem weil viel Wasser vergeudet wird, wenn die falschen Flächen zur falschen Zeit beregnet werden. Eine günstige Bilanz (mit nur 5–15 % Verlusten) hat hingegen die Tropfbewässerung als eine Form der sogenannten Mikrobewässerung, bei der exakt bestimmte Wassermengen zur Pflanze geleitet werden. Das alles deutet ein hohes Potential zur Wassereinsparung an, und tatsächlich ließe sich der jährliche globale Wasserverbrauch um mehrere hundert Kubikkilometer senken, wenn überall (wo praktikabel) die eher effektiven Sprinkler- bzw. Tropfbewässerungstechniken angewandt würden.[194]

Statt gleich auf neue Bewässerungsmethoden umzustellen, bietet sich natürlich auch die Verbesserung von aktuell angewandten Technologien und Managementverfahren an. Darunter fallen zum Beispiel die bessere Kontrolle der Wasserzulieferung (zeitlich und räumlich),[195] die präzisere Bestimmung des tatsächlichen Wasserbedarfs der Pflanzen sowie die Instandsetzung und gegebenenfalls der Ausbau des Kanalnetzes, um alle Teilfelder zu erreichen. Welche Maßnahmen sich wo empfehlen und wie flexibel zwischen verschiedenen Strategien gewechselt werden kann, hängt indes sehr von den Erfordernissen und der Organisation der Landwirte und des Bewässerungssystems, den agrarpolitischen Rahmenbedingungen, dem

Marktzugang und den finanziellen Möglichkeiten ab, ist also fallweise zu entscheiden. Schließlich ist der soziale Kontext zu beachten, wobei die Rolle von Frauen im Vordergrund stehen muss, die in vielen Ländern (neben der eventuellen Mitarbeit im Land- und Viehwirtschaftsbetrieb) die Haushaltswasserversorgung stemmen müssen. Diesbezügliche Fragen umfassen etwa: Haben Frauen anerkannten Zugang zu Wasser bzw. sind sie in entsprechenden Foren vertreten? Sind die Bewässerungszeiten mit ihren sonstigen Verpflichtungen und Wünschen abgestimmt? Findet Bewässerung von Feldprodukten (für den Markt) auf Kosten der für den Haushalt benötigten Wasserversorgung statt? Ist die Sicherheit von Frauen bei nächtlichen Feld- und Bewässerungsarbeiten garantiert? Liegen Bewässerungsanlagen und Brunnen nah am Wohnhaus? Kann der hohe Zeit- und Energieaufwand zum Herantransport von Wasser, den Frauen oft leisten, zugunsten sinnvollerer Tätigkeiten reduziert werden? Wie lässt sich die Gesamteffektivität von Bewässerungssystemen durch besseres Austarieren genderspezifischer Perspektiven erhöhen?[196]

Hier gibt es noch immens viel zu tun, wenn es auch eine Menge Erfolgsgeschichten zu erzählen gibt. Nur ein Beispiel: Im Dorf Bouanzé im Süden Mauretaniens haben verschiedene Investoren die Errichtung eines Frischwasserbrunnens und einer Bewässerungsfläche ermöglicht, der den Frauen den langen Weg zur nächsten Quelle nunmehr erspart und durch Beschaffung von Arbeitsplätzen das Auswandern der Männer in die Stadt oder das Nachbarland nicht mehr nötig macht. Aufbau, Betrieb und Pflege von Brunnen oder Tanks erfüllen außer der Entlastung der Frauen viele weitere soziale Funktionen: Stichworte sind Förderung des Gemeinschaftssinns, Armutsreduktion, Gesundheitsvorsorge und Vorbildfunktion für andere Orte. Funktionierende soziale Netzwerke sind ohnehin essentiell für das Management von Wassermangelsituationen.[197]

Dies genügt, um erahnen zu lassen, mit welchen Überlegungen und auf wie vielfältige Weise sich Wasser vor und während der Bewässerung ökologisch und sozial nachhaltig nutzen lässt – so es denn erst einmal an seinem Bestimmungsort angekommen ist. Nun ist es aber eine Tatsache, dass gerade in den Trockenregionen der Erde Unmengen Wasser durch Verdunstung, Versickerung, Verunreinigung und Abfluss verloren gehen. Zumindest einen Teil dieses Wassers könnte man auffangen und für eine spätere Nutzung speichern. Wie das fast zehn Jahrtausende zurückweisende Beispiel der Zisterne im Jordangebiet belegt (siehe Abschnitt 2.1), begleitet diese Idee die Menschheit schon seit ihrer Sesshaftwerdung und den Frühzeiten der Landwirtschaft. Seitdem hat der menschliche Erfindungsgeist ein eindrucksvolles Spektrum an Varianten solcher zielgerichteten Wassersammelanlagen hervorgebracht – ich meine hier ausdrücklich nicht die großen Staudämme und Wasserumleitungen des «harten Pfads», sondern eine Vielfalt an uralten bis hochmodernen kleinen Anlagen, wie man sie über die ganze Welt verstreut findet, sei es im ländlichen Afrika oder im urbanen Südkorea.[198] Dieses *water harvesting* umfasst sehr unterschiedliche Methoden, die sich beispielsweise anhand des Umfangs ihres Wassereinzugsgebiets kategorisieren lassen. Zu den ganz kleinräumigen Verfahren, die abfließendes Wasser sammeln, stauen und – im Idealfall zum Zwecke der Tropfbewässerung – direkt zu den Pflanzen leiten, zählen wenige Meter große Dammvorrichtungen, bestimmte Formen der Terrassierung, in den Boden eingelassene (gegebenenfalls vorübergehend abgedeckte) Senken und verschiedene Kombinationen solcher Techniken. Aus größeren Entfernungen – oft aus Gebieten außerhalb der bewirtschafteten Felder wie z. B. aus Gebirgsgegenden – herangeführtes Wasser lässt sich hingegen in Teichen, Tanks, Zisternen oder unterirdischen Kanälen und Speichern sammeln. Im nordwestlichen

Küstengebiet Ägyptens beispielsweise sind unterirdische Zisternen, die Anteile von den wenigen im Winter niedergehenden Regenschauern speichern, die einzige Süßwasserquelle. Aber auch solche – teilweise jahrtausendealten – Systeme können in ihrer Effizienz verbessert werden: So sollte die erste Schüttung direkt genutzt werden, um Platz zu schaffen für das nächste Regenereignis (denn das typische Fassungsvermögen ist auf 10–500 m³ limitiert); auch sollte das Einzugsgebiet möglichst eingeebnet und gesäubert werden, damit mehr sauberes Wasser in die Auffanganlage einfließt. Um den gewünschten Effekt zu erzielen, muss das Design von Wassersammelanlagen also wohlüberlegt sein, sie müssen technisch einwandfrei arbeiten, finanzierbar bleiben und den sozialen Traditionen der Betreiber entgegenkommen. Des Weiteren sind bei den Verfahren mit größerem Einzugsgebiet eventuell auftretende Konflikte zwischen verschiedenen Nutzern zu moderieren.[199]

Eine weitere Form sind die bereits in Abschnitt 2.1 erwähnten Qanate: unterirdische Bewässerungskanäle, die entlang eines natürlichen Gefälles meist vom Fuß eines Berges aus Wasser über einige Kilometer hinweg zu Oasen, Bewässerungsfeldern und Ortschaften transportieren. Zunächst (vor Jahrtausenden!) im alten Persien angelegt, gelangten sie später bis nach Indien im Osten und bis ins Römische Reich im Westen. Im Laufe der Zeit, besonders im 20. Jahrhundert, weitgehend verfallen oder verdrängt, sind heute allein im Iran doch noch 37 000 Qanate im Einsatz, manche im Zusammenspiel mit anderen altgedienten Wassernutzungsmethoden.[200] Nahe der peruanischen Hauptstadt Lima, der nach Kairo zweitgrößten Wüstenstadt der Welt, sind Netze aufgestellt, um das darin aufgefangene Kondensationswasser in Tanks zu speichern – an die 600 Liter an nebelreichen Tagen. Auf diese Weise modernisiert und perfektioniert, sind solche Nebel- und Taufallen im

Prinzip aber nichts Neues, haben sie doch variantenreiche Vorläufer in jahrhundertealten Tau-Teichen in Südengland, noch
viel älteren Nebeltürmen im alten Byzanz (genug, um die Stadt
Theodosia zu versorgen) und ähnlichen, mit Steinen oder Bäu-
men operierenden Anlagen von den Kanaren bis zur kroati-
schen Küste.[201]

Auch in Mitteleuropa gibt es einzelne Bestrebungen, vormoderne Wasserbewirtschaftungsmaßnahmen wiederzubele-
ben. Ähnlicher Gesinnung entstammen die aktuellen Bemü-
hungen, entlang einzelner Flussabschnitte wieder natürliche
Überflutungsflächen zu schaffen, die zur Entschärfung von
Hochwasserspitzen führen und gleichzeitig eine ökologisch
reizvolle Fluss- und Auenlandschaft bedeuten. Gleichermaßen besinnt man sich in manchen friesischen Küstengegenden
der Warften (Terpen), jener künstlichen, teils schon vor über
2000 Jahren zum Schutz vor den Fluten errichteter Wohnhügel
mit – durch Regenwassersammlung gewährleisteter – interner
Trinkwasserversorgung: In der Deichbauära des 19. Jahrhunderts weitgehend zurückgedrängt, sind diese nun vielfach unter Denkmalschutz gestellt oder werden – wie auch in Ham-
burgs Hafen-City – sogar als architektonisch modernisiertes
Natur- und Kulturgut wiederentdeckt.

Allenthalben werden also uralte, im Zuge der Modernisie-
rungsschübe des 19. und 20. Jahrhunderts aufgegebene Wassernutzungspraktiken wiederbelebt, traditionelle Wissensformen mit modernen Methoden kombiniert und allermodernste
Technologien neu ausprobiert. Ganz vorne mit dabei sind
höchst effiziente und umweltverträgliche Verfahren, die zwei
oder sogar alle drei Achsen des «Nexus» – also Wasser-, Nah-
rungs- und Energiesicherheit – bedienen: zum Beispiel die
Kombination von Solaranlagen mit Tropfbewässerung, die integrierte Nutzung von Flächen zur Bioenergieproduktion und
Viehzucht oder solar getriebene Meerwasserentsalzungsanla-

gen.[202] Es wäre einmal an der Zeit, die reichhaltige Gesamtheit an früheren, heutigen und angedachten zukünftigen Wasserinfrastrukturen zu katalogisieren und kartieren!

Sind schon die verschiedenen Techniken zur Sammlung und späteren Verwendung blauen Wassers hervorragend geeignet, Trockenperioden zu überbrücken und Ernteerträge zu erhöhen, so gilt dies für das grüne Wasser erst recht. Die effizientere und variantenreichere Nutzung von Wasser im Regenfeldbau spielt sogar eine Schlüsselrolle in der Nahrungsmittelproduktion, gerade in semiariden und ländlichen Regionen mit eher geringer finanzieller Ausstattung. Im Kern dieser Diskussion steht der große Vorteil, dass bei der Transpiration (anders als bei der Evaporation oder der Interzeption) das verdunstende Wasser aus Sicht der Pflanze einen wichtigen Zweck erfüllt: Im Zuge der Fotosynthese sind die Transpiration, die CO_2-Aufnahme aus der Umgebungsluft durch die Stomata und die Biomasseproduktion eng gekoppelt. Zur Erhöhung der Produktion ist es daher sinnvoll, dass möglichst viel Bodenwasser durch die Stomata transpiriert, statt unproduktiv von freien Flächen oder in Phasen spärlichen Wuchses zu evaporieren. In der Regel werden weniger als 30% des auf den (unbewässerten) Landwirtschaftsflächen der Erde niedergehenden Regens von den Pflanzen aufgenommen. Der große Rest verdunstet sonstwie, und es bildet sich nicht einmal Abfluss, der für Bewässerung genutzt werden könnte. Auf schlecht gemanagten Feldern mit entsprechend geringen Erträgen (<1 t/ha) sowie auf degradierten Böden – Faktoren, die übrigens mindestens ebenso entscheidend für die Entstehung von landwirtschaftlichen Dürren sind wie Regenmangel – liegt der Anteil des produktiv zur Nahrungsmittelerzeugung genutzten Wassers sogar bei nur 5%. Im Regenfeldbau schlummern also enorme ungenutzte Potentiale, die nur der Freisetzung harren.[203]

Um die (auch in Abschnitt 1.2 beschriebenen) Verdunstungspfade, die das Wasser auf dem Feld einschlagen kann, so zu manipulieren, dass möglichst viel Wasser transpiriert wird, kann der Landwirt auf verschiedene Verfahren zurückgreifen. Insbesondere Bodenbearbeitungsmethoden begünstigen eine solche gezielte Umlenkung der Verdunstungsströme (engl. *vapour shift*). Ihre größte Wirkungskraft entfalten diese in niedrig-produktiven Systemen. Dies hat damit zu tun, dass die Verdunstung von Bodenwasser umgekehrt proportional mit der Dichte des Pflanzenbestandes wächst, in ertragsarmen Systemen mit geringer Abschattung also besonders viel Wasser ungenutzt verloren geht. Eine Möglichkeit ist also, durch geeignete Maßnahmen (Pflügen, Düngen, geeignete Sortenwahl und Fruchtfolgen, Züchtung) erst einmal die Fruchtbarkeit des Bodens und/oder den Aufwuchs zu erhöhen, um dann den zusätzlich ertragssteigernden Effekt der erhöhten Transpiration auszukosten. Im Ganzen verringert sich so auch der virtuelle Wassergehalt der Nutzpflanzen. Diese Effekte flachen jedoch oberhalb eines Ertragsniveaus von etwa 3 t/ha schnell ab, der Transpirationsanteil lässt sich dann nicht mehr wesentlich steigern.[204] Zur Optimierung von Anbausystemen bietet sich unter anderem an, Düngemittel nur dann einzusetzen, wenn die Pflanzen sie wirklich brauchen, was in mehrerlei Hinsicht nachhaltig ist:[205] Die Bodenversauerung wird gemindert, es entstehen weniger Treibhausgasemissionen, die Gewässer werden weniger überlastet, und durch die höhere Biomasse steigt, wie gesagt, auf wenig ertragreichen Flächen die Wasserproduktivität exponentiell an. Unter dem Aspekt der Züchtung fallen z.B. Varianten des herkömmlichen *smart breeding*, die Blattfläche und Blattstellung so zu «gestalten», dass unter anderem die Wassernutzung und die Biomasseproduktion optimiert werden. Das Erbgut alter Sorten bietet einige solcher (wie auch dürreresistenter) Sorten. Erbgut verändernde Genmanipulation kann hingegen bislang keinen Durchbruch bezüglich einer Erhöhung der Trockentoleranz bzw. einer Minimierung des Wasserbedarfs verzeichnen, u.a., weil die dafür entscheidenden Eigenschaften auf verschiedene Genabschnitte verteilt sind und komplex mit anderen Geneigenschaften wechselwirken. Ferner spielen Akzeptanz, Marktfähigkeit und Sicherheit eine große Rolle.[206]

Außer den genannten Verfahren, die eher über Umwege die Verdunstungsströme umlenken, kann die nicht pflanzenproduktive Bodenevaporation auch direkt vermindert sowie das Eindringen von Wasser in den Boden und die Speicherung darin erleichtert werden. Bewährte Maßnahmen sind das Mulchen mit organischem Material, aber auch das (aus Umweltschutzgründen jedoch nicht unproblematische) Abdecken mit Plastikplanen.[207] Dadurch lässt sich die Bodenverdunstung teils um deutlich mehr als die Hälfte verringern mit dem gewünschten Ergebnis, dass das Wasser alternativ den Pflanzen zur Verfügung steht.

Alles in allem legen der weltweit steigende Nahrungsmittelbedarf, der sich vielerorts verschärfende Wassermangel sowie die Befunde von Feld- und Modellstudien, dass allein durch eine sorgsamere Nutzung vorhandenen blauen und grünen Wassers – klug ausgewählt und kombiniert je nach den lokalen Gegebenheiten – Ertragssteigerungen um ein Mehrfaches möglich sind, eine eindeutige Schlussfolgerung nahe: Ein Umdenken in der Wasserwirtschaft und Investitionen in die lange vernachlässigte unbewässerte Landwirtschaft bzw. in die nachhaltige Intensivierung niedrigproduktiver Systeme ist dringend notwendig. Seit den 1980er Jahren unterstützen verschiedene Regierungen und Entwicklungsorganisationen, auch die Vereinten Nationen, den Ausbau von Wassersammelanlagen z.B. in Teilen Afrikas, was in den entsprechend ausgestatteten Gebieten zu deutlich stabileren und höheren Ernteerträgen beigetragen hat. So hat beispielsweise die Regierung Tansanias 2002 ein Wasserprogramm aufgelegt, das Technologien zur Wassersammlung in ländlichen Gegenden fördert, während die nationale Agrarpolitik ein kombiniertes Boden- und Wassermanagement als Lösungsstrategie für Dürrezeiten und -regionen propagiert. Auch in China (seit Mao) und in Indien gibt es verschiedene Programme, alte Praktiken neu zu beleben bzw. neue Verfahren weichen Wassermanagements einzuführen, mit inzwischen Hunderttausenden individuell gestalteten Einzelanlagen. Um aber die hohen Kosten aufzubringen, die in die Kapazitätsbildung, Planung und Entwicklung von Wassersammelanlagen und zugehörigen Infrastrukturen nötig sind – allein in Afrika jährlich ca. 10–20 Milliarden US-Dollar in den nächsten 10–15 Jahren –, müssten sich unter anderem die Weltbank und die Afrikanische Entwicklungsbank stärker engagieren. Schließlich geht es um eine neue, «grün-grün-grüne Revolution»: wie bei der einstigen Grünen Revolution mehr Nahrungsmittel produzieren, diesmal aber nachhaltig und mit besonderem Fokus auf das grüne Wasser. Demgegenüber sind übrigens allein für den geplanten Bau von 3700 neuen Reservoiren weltweit 2 Billionen US-Dollar zu veranschlagen, Betriebs- und soziale sowie ökologische Folgekosten nicht eingerechnet: Die meisten Megaprojekte sind also deutlich aufwändiger und nicht zuletzt aus finanzieller Warte sehr fraglich, was zu nie fertiggestellten «Zombie-Projekten» führen kann.[208]

Was wäre erreichbar, wenn die genannten Chancen nachhaltigeren landwirtschaftlichen Wassermanagements weltweit realisiert würden? Nach einer Vorläuferstudie, die schon einigen Optimismus verbreitet hatte, hat mein Mitarbeiter Jonas Jägermeyr in einer Simulationsstudie systematisch mehrere hundert Szenarien durchgerechnet, die genau darauf eine Antwort zu geben versuchen.[209] Unsere Annahme war, dass auf allen existenten Ackerflächen das vorhandene blaue und grüne Wasser effektiver genutzt wird, und zwar durch folgende Maßnahmen: erstens die Speicherung von 50% andernfalls abfließenden Wassers für eine Verwendung in Trockenzeiten in Form von Tropfbewässerung; zweitens die Halbierung der Bodenverdunstung; drittens die Installation effektiverer Bewässerungssysteme; und viertens die Nutzung von so gespartem Wasser zur Tropfbewässerung auf bisher unbewässerten Ackerflächen im Umland. Der Clou ist, dass alle diese Maßnahmen kein zusätzliches Wasser beanspruchen.

Eine Umsetzung dieses – zugegebenermaßen recht ambitionierten – Maßnahmenpakets würde zu einer Erhöhung der globalen Kalorienproduktion um 40% führen und dabei auch noch die Nutzung blauen Wassers um fast 500 km³/a reduzieren (die Gesamtersparnis einschließlich des grünen Wassers wäre sogar viermal so hoch, vgl. Abbildung 9). In einigen Gebieten etwa des Mittleren Ostens, Zentralasiens, Chinas und Australiens liegt der simulierte Ertragszuwachs sogar bei über 50% (Abbildung 10). Halb so ambitionierte Szenarien versprechen natürlich geringere Zuwächse, global ist aber auch dann noch eine fast 20%ige Ertragssteigerung möglich.

Den Simulationen zufolge können die Wassermanagement-Verbesserungen auch unter Klimawandelbedingungen Ertragssteigerungen in einer ähnlichen Größenordnung erzielen. Zwar ist dann das Ausgangsniveau der Erträge wegen trockener und/oder heißerer Bedingungen oft niedriger, aber diese Ertragsminderungen könnten durch besseres Wassermanagement in vielen Regionen ausgeglichen, wenn nicht überkompensiert werden. Das heißt natürlich nicht, dass man der Folgen des Klimawandels durch solche Anpassungsmaßnahmen auf jeden Fall Herr werden wird, denn diese werden lange nicht überall ausreichen bzw. nicht überall umsetzbar sein, wo die biophysikalischen Modellsimulationen ein theoretisches

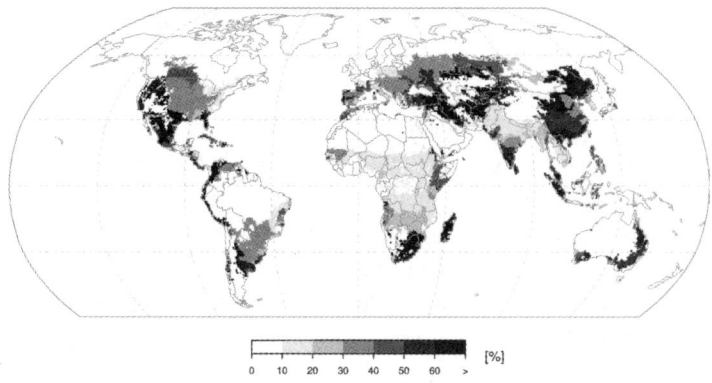

Abbildung 10: Mögliche Ertragssteigerung (%) durch umfassende nachhaltige Verbesserung landwirtschaftlichen Wassermanagements (Reduzierung der Bodenverdunstung um 50%, Sammlung und spätere Nutzung von 50% des Abflusses, graduelle Erhöhung der Bewässerungseffizienz, Nutzung des gesparten Wassers zur sachten Ausdehnung der bewässerten Fläche).[210]

Potential anzeigen. Darüber hinaus ist zu bedenken, dass der (hier als moderat angenommene) CO_2-Effekt aus den in Abschnitt 5.2 genannten Gründen eventuell nicht durchschlagen wird und dass die Ertragssteigerungen (regional deutlich) geringer ausfallen, wenn man die Wasserentnahme zur Schonung der Gewässerökosysteme beschränkt, wie es in entsprechenden Richtlinien verlangt wird.[211] Ein weiteres Hemmnis, um die Erfolgsgeschichten über Musterbetriebe hinaus zu verbreiten, sind die durch wirtschaftliche, rechtliche oder gesundheitliche Faktoren eingeschränkten Handlungsmöglichkeiten von Kleinbauern, die eigentlich besonders stark von einer Verbesserung der Boden- und Wassernutzung profitieren könnten. Wie Wolfram Mauser treffend zusammengefasst hat, fehlt es vielen Landwirten in Kleinbetrieben an ganz anderen Dingen als an Niederschlag oder ertragreichen Böden: nämlich an Arbeitskraft, geklärten Eigentumsverhältnissen, Kapitalausstattung und Krediten, Zugang zu Maschinen, Wasser und Märkten inklusive Transportwegen, Lagerungsmöglichkeiten und schließlich an der notwendigen Ausbildung.[212] Deshalb gehen die nötigen Investitionen weit über die Installation von neuen Speicheranlagen oder Mikrodämmen und die Verbesserung bestehender Infrastruktur hinaus. Man muss sich nichts vormachen: Effizienzüberlegungen allein treiben nicht das Handeln an; zwar hilfreich für Potentialabschätzungen, sind sie letztlich nur eine «Rechengröße – keine Dimension gelebten Lebens».[213] Die Resonanz mit der vielfältigen Lebenswirklichkeit und die Identifikation mit gemeinsamen Zielen ist entscheidend für den Erfolg von Transformationen.

Hinzu kommt, dass die durch optimiertes Wassermanagement erzielbaren Ertragszuwächse – so enorm das Potential auch ist – sowieso nicht reichen werden, die zukünftige Ernährungslücke zu schließen. Selbst unter Annahme deutlicher Effizienzsteigerungen werden bis zur Jahrhundertmitte einige zusätzliche Länder vom virtuellen Wasserhandel abhängig sein (vgl. Abschnitt 3.2), und die Lücke zwischen Wasserdargebot und -nachfrage für Landwirtschaft, Industrie und Haushalte wird unter anderem in Teilen Asiens größer werden.[214]

6.4 Weniger Wasser essen

Auf einer Skala, die die Stellung von uns Menschen in der Nahrungskette bemisst, liegen wir im weltweiten Durchschnitt ein Stück über den reinen Pflanzenfressern – oberhalb der Kaninchen und ungefähr auf gleicher Höhe wie andere Omnivore, z. B. Schweine. Burundi hat auf dieser Skala den niedrigsten Wert, denn dort machen tierische Produkte nur 3 % der Ernährung aus. Auf höchster Stufe befindet sich derzeit Island, wo sich die Ernährung zu über 50 % aus Fleisch, Fisch und Milchprodukten zusammensetzt, sich aber allmählich in Richtung pflanzlicher Kost verschiebt. Im Verlauf der letzten Jahrzehnte ist die Menschheit in der Nahrungskette immer weiter aufgestiegen, besonders durch den stark wachsenden Fleischkonsum in China und Indien, der Abstiege in anderen Ländern ausgleicht. Inzwischen ernährt sich mehr als die Hälfte der Weltbevölkerung durch einen recht hohen Kalorienanteil (>15%) von tierischen Produkten.[215] Weltweit hat sich im Übrigen die Ernährungssicherheit in den letzten Jahrzehnten enorm verbessert. So ist beispielsweise der Bevölkerungsanteil mit kritisch niedriger Nahrungsenergieversorgung (<2000 kcal/ Kopf/Tag) von 52% im Jahre 1965 auf nur noch 3% 2005 zurückgegangen.[216]

Die global konsumierte Nahrungsmittelmenge und auch der Anteil tierischer Produkte werden wahrscheinlich weiter ansteigen. Dies ist von direkter Bedeutung für den Wasserverbrauch. In Abschnitt 2.4 habe ich beschrieben, dass umso mehr grünes und blaues Wasser nötig ist, je mehr tierische Fette, Fleisch, Eier und Milchprodukte erzeugt bzw. verzehrt werden. Es ist schwer zu sagen, wie viel mehr Wasser in Zukunft tatsächlich in den Viehsektor fließen wird, da dies sehr auf die tatsächliche Ernährungszusammensetzung und die Produktionsbedingungen ankommt, aber die Mengen dürften nicht unerheblich sein. Auch lässt sich die Wasserproduktivität in der Viehhaltung verbessern. Einsparungen sind z.B. durch Umstellung der Tierart (Geflügel statt Schweine oder Rinder) oder ihres Zwecks (Milch- statt Fleischproduktion) möglich. Ein noch höheres Potential besteht in der gänzlichen Aufgabe der Tierhaltung mit Nutzung der frei werdenden Flächen und Wassermengen für den Anbau von deutlich wasserproduktiveren pflanzlichen Nahrungsmitteln. Anders verhält es sich mit dem grünen Wasser auf Weideflächen bzw. marginalen Standorten. Diese sind schwerlich zur direkten Nahrungsmittelproduktion nutzbar und weisen somit ein geringes Wassersparpotential auf. Würden als Alternative die dort grasenden Wiederkäuer mehr mit Futtermitteln versorgt, ließe sich zwar vielleicht ihre Gesamtwasserproduktivität erhöhen. Nachteil wäre aber, dass dann die Produktion in Konkurrenz mit der Erzeugung direkt von Menschen konsumierbarer Nahrungsmittel geriete.

Aufgrund dieser komplexen Situation und folglich der Vielzahl an Wassersparmöglichkeiten im Viehsektor kann man sich über deren globales Potential nur ein ungefähres Bild verschaffen. So gibt das in Abbildung 9 wiedergegebene Beispiel, das auf eine Reduzierung des Anteils tierischer Produkte von 20 % auf 5 % und entsprechende Umwidmungen von Weide- in Ackerland setzt, eine stattliche globale Einsparung von über 500 km³/a zu erkennen. Andere, regionale Studien, die etwas systematischer die Auswirkungen veränderter Ernährungsgewohnheiten auf den Wasserverbrauch beleuchten, kommen zu demselben logischen Schluss, der uns alle als Verbraucher direkt anspricht: Vegetarier und Veganer leben wassersparender.[217] Würden beispielsweise alle Großstadtbewohner im Mittelmeerraum auf eine (pesco-)vegetarische Ernährung umschwenken, ginge je nach Stadt der Wasserfußabdruck um ein Drittel bis zur Hälfte zurück. Auch durch Einhaltung der als gesund geltenden mediterranen Kost mit einem gewissen Fleischanteil ließe sich schon einiges gewinnen. In einem solchen Umfang ist das nur Theorie, aber es wird klar, dass jeder Verbraucher hier einen Hebel hat, den persönlichen Wasserfußabdruck zu verkleinern – und den Flächenverbrauch sowie die Treibhausgasemissionen gleich mit.[218] Waren mit einem Wasserverbrauchs-Label korrekt zu kennzeichnen, wie es gelegentlich als Aufklärungsmaßnahme für die Verbraucher vorgeschlagen wird, wäre allerdings eine herkulische Aufgabe, denn dafür müssten die grünen und blauen Wasseranteile, die

Wasserproduktivitäten und die Herstellungsbedingungen aller Ingredienzen des Endprodukts erfasst werden: «Jedes Produkt hat seine eigene Geschichte.»[219]

Außer den Wassersparpotentialen, die durch Umstellungen der Produktion respektive der Ernährungsgewohnheiten erzielt werden können, gibt es noch einen weiteren bedeutenden Faktor: Die Wasserlücke, auf die ich bisher vor allem Bezug nehme, geht von einer Produktion von 3000 kcal/Kopf/Tag aus. Diese Zahl ist deshalb so hoch, weil sie die Verluste «vom Feld zur Gabel» einbezieht – derzeit etwa ein Viertel der gesamten globalen Kalorienproduktion (vgl. auch Abschnitt 5.2). Allein in China gehen 135 km³/a in die Produktion von Nahrungsmitteln, die nie beim Verbraucher ankommen. Gelänge es, global die Hälfte dieser Verluste zu vermeiden (ganz verlustfrei wird es nie gehen, die eigentlich genügende Menge von 2200–2300 kcal/Kopf/Tag zu produzieren), so könnten 12% grünes und blaues Wasser für andere Zwecke eingespart werden. Synergieeffekte ergeben sich natürlich durch Kombination der Verlustminderungen mit der Umstellung auf weniger wasserintensive Produkte, wie übrigens auch mit der Mehrfachwassernutzung in verschiedenen Phasen der Produktion.[220]

Und natürlich spielt das Bevölkerungswachstum eine entscheidende Rolle: Sollten die globalen Süßwasservorräte noch reichen, Nahrungsmittel für 9 Milliarden Menschen zu erzeugen (wohlgemerkt unter Ausnutzung all der genannten Effizienzsteigerungen und Umwidmungen, was enorme Anstrengungen erfordert): Ein Anwachsen der Weltbevölkerung auf 10 oder sogar 12 Milliarden dürfte auch aus vielen anderen Gründen die Tragfähigkeit der Erde übersteigen.

Fassen wir zusammen: Es gibt ein schier unerschöpfliches Reservoir an Möglichkeiten, den Wasserfußabdruck von Ländern, Gemeinden, Unternehmen oder Einzelpersonen zu verringern und so zur Entspannung der in vielen Regionen kritischen Wassersituation beizutragen. Die Handlungsoptionen sind mittlerweile von globaler Reichweite, insbesondere weil die mehr oder minder wasserintensiven Konsumgüter vieler Erdenbürger aus allen Teilen der Welt zusammengetragen werden. In Abschnitt 2.4 habe ich in diesem Zusammenhang gezeigt, dass einige Länder vom internationalen virtuellen Wasserhandel profitieren, weil sie selber zu wenig Wasser haben, um die Importgüter eigenständig zu produzieren; und dass durch den Handel global einige hundert Kubikkilometer Wasser pro Jahr gespart werden. Lässt sich also der virtuelle Wasserhandel optimieren, so dass wasserarme Regionen in Zukunft vermehrt wasserintensive Produkte importieren können und das Wasser global noch sparsamer genutzt wird?

Zunächst erscheint es sinnvoll, etwa durch weiteren Abbau existierender Handelsschranken, auf den Weltagrarmärkten die Voraussetzung dafür zu schaffen, dass virtuelle Handelsbeziehungen und -volumen flexibler zum Ausgleich chronischer oder akuter regionaler Wassermangelsituationen beitragen können. Verschiedene Studien weisen dementsprechend darauf hin, dass ein gut funktionierender virtueller Wasserhandel bestimmte Folgen des Klimawandels wie z.B. dürrebedingte Ernteausfälle wirksam puffern kann.[221] Wie ebenfalls schon angesprochen, ist dies aber eine zwiespältige Angelegenheit, da einerseits finanzschwache Länder bisher weitgehend von diesem Handel ausgeschlossen sind und andererseits noch mehr Staaten in Abhängigkeiten von der Lieferbereitschaft anderer Staaten geraten können. Das Szenario in Abbildung 9 hegt dennoch sehr hohe Erwartungen, denn es besagt, dass das globale virtuelle Wasserhandelsvolumen im Agrarbereich (derzeit ca. 1300 km³/a) um über 1500 km³/a steigen müsste, um die Wasserlücke in der Landwirtschaft schließen zu können. Die zugrunde liegenden Berechnungen gehen allerdings nicht nur von einem gut austarierten Handelssystem aus, sondern auch davon, dass sich in einigen Ländern die Kaufkraft deutlich erhöht, dass konkurrenzfähige Exportprodukte zur Erwirtschaftung der notwendigen Devisen existieren und Transportwege sowie andere Infrastrukturen ausgebaut werden, um die angenommene Verdopplung des Handelsvolumens überhaupt handhaben zu können.[222] Der Beitrag des Handels zur Lösung von Wasserproblemen sollte also nicht überschätzt werden. Die Idee vom virtuellen Wasserhandel ist eher Aufklärungskonzept als aktives Steuerungsinstrument.[223] Die mit dem Weltagrarhandel verbundenen Wassereffekte sind letztlich nur mehr oder weniger erwünschte Nebenwirkungen; denn der Handel ist stark von politischen Einflüssen geprägt, die oft nicht von Effizienzgesichtspunkten – geschweige denn von Überlegungen zum globalen Wasserausgleich – geleitet werden und sich erfahrungsgemäß nur schwer ändern lassen.[224] So bleibt die Schlussfolgerung: Wenn das Verteilungsproblem nicht gelöst wird (objektiv gibt es keinen Mangel an Nahrungsmitteln in der Welt!), werden in Zukunft noch mehr Länder vor allem des globalen Südens ernsthafte Probleme haben, ihre Bevölkerung ausreichend zu ernähren – allen sich auch dort bietenden effizienten Wassernutzungsmöglichkeiten zum Trotz.

7 Bausteine für ein neues Wasserethos: Religiöse und ethische Aspekte

Der amerikanische Umwelthistoriker Donald Worster hat sich eingehend mit der Siedlungs- und Umweltgeschichte der westlichen USA aus dem Blickwinkel der dortigen chronischen Trockenheit beschäftigt. Seine vor einem Vierteljahrhundert verfasste Schlussfolgerung aus diesen Arbeiten lässt aufmerken: «Ein Fluss ist zweifelsohne ein Mittel zur Wirtschaftsproduktion, aber zuvörderst ist er ein Ding an sich mit ihm eigenen Prozessen, Dynamiken, Vorzügen. Gewissermaßen ist er ein heiliges Wesen, das nicht von uns geschaffen ist und dem wir deshalb Respekt und Verständnis zollen sollten. Einen Fluss zu nutzen, ohne seine intrinsischen Eigenschaften zu verletzen, verlangt uns vieles ab. [...] Würden wir ein anderes Bewusstsein [etwa im Sinne der Papago-Indianer und der chinesischen Taoisten] kultivieren, hätte dies immense Auswirkungen. Wir würden einen Denkprozess einleiten über Wassernutzungstechnologien, die sich sehr von den bisher entworfenen und praktizierten unterscheiden. Wir kämen darin überein, dass wir uns von nun an einen Fluss nicht mehr gänzlich aneignen sollten, ihn nicht mehr aus reinem Nützlichkeitsdenken entgegen seinem natürlichen Drang in ein enges Korsett zwängen und auch nicht mehr rücksichtslos in sein reiches Ökosystem eingreifen wollen. So würden wir ihn nicht zu einer abstrakten Ware degradieren, deren einziger Wert ein ökonomischer ist. Ein solches Umdenken weg von der Naturbeherrschung hin zu einem Zusammenleben mit der Natur wird in der amerikanischen Kultur schwer erreichbar sein, insbesondere in den ausgedörrten Weiten des Westens. Jedoch kann es ohne einen solchen Wahrnehmungs- und Wertewandel, ohne eine Befreiung unseres Denkens von der Tyrannei eines auf Nutzen ausgerichteten Naturverständnisses auch keine demokratischere Gesellschaft geben.»[225]

Damit ist gesagt, dass selbst die in den vorigen Kapiteln aufgeführten nachhaltigeren und «soften» Maßnahmen, darunter die erhöhte Aufmerksamkeit für das grüne Wasser, zu einem gewissen Grad immer noch einem utilitaristischen Prinzip folgen, das sich an der möglichst effizienten Nutzung vorhandener Wasser-«Ressourcen» orientiert. Worauf Worster hinauswill: Die abstrakte, technisch-ökonomisch-mathematisch-optimierende Sichtweise ist unvollständig, denn es gibt alternative, genauso konsistente Sicht- und Erzählweisen über das Wasser und seine Nutzung. Sichtweisen, die im besten Falle neuartige Zusammenhänge und interessante Zukunftspfade erschließen, die uns ohne Hinterfragung des geistigen Fundaments unseres heutigen Umgangs mit Wasser gar nicht in den Sinn kämen. Sichtweisen, die uns gar nicht in den Sinn kommen *können*, insoweit wir uns nur innerhalb eines bestimmten, unserer Handlungsweise zugrunde liegenden «mentalen Fensters», eines selbstreferentiellen Denkrahmens bewegen. Das ist erst einmal nichts Untypisches – nicht grundlos widmet sich ein ganzer Wissenschaftszweig der Mentalitätsgeschichte der Menschheit, also der Zergliederung von Denk- und Wahrnehmungsmustern, die für bestimmte Gruppen zu bestimmten Zeiten prägend waren. Entsprechend wäre auch einmal das Verständnis von Wasser, in all seinen kulturellen Schattierungen, ideenhistorisch zu beschreiben und die Vormachtstellung bestimmter Sichtweisen gegenüber mehr oder minder gezielt unterdrückten Alternativen kenntlich zu machen. Besondere Aufmerksamkeit verdient dabei die bis in unsere Tage nachwirkende Rolle der europäischen Kolonialisierung im 19. und 20. Jahrhundert für den Import modernen westlichen Denkens in trockenheiße, hydraulisch «unterentwickelte» Gegenden auf anderen Kontinenten.[226] Eine solche Hinterfragung geschieht nun zwar (im Zuge des beschriebenen Paradigmenwandels) gemäß der einmal von Albert Einstein formulierten Einsicht, dass man Probleme nicht mit derselben Denkweise lösen kann, durch die sie entstanden sind.[227] Aber erreicht dieser Wandel die nötige mentale und kulturelle Tiefe? Lässt sich vielleicht noch etwas aus der reichen Kulturgeschichte des Wassers lernen bezüglich eines anderen, sensibleren Umgangs mit Wasser? Welche alternativen Perspektiven sind in verschiedenen Gegenden der Welt verschüttet oder verdrängt worden?

Dieses fast unermesslich weite Feld eröffnet der Kulturwissenschaftler Hartmut Böhme mit der Feststellung, dass es neben dem realen Wasser der materiellen Welt in allen Kulturen auch «symbolisches» Wasser gibt, und zwar so allgegenwärtig und in so vielfältigen Formen, dass – bis heute – eine gemeinschaftliche Aufarbeitung durch die verschiedenen dafür heranzuziehenden geisteswissenschaftlichen Disziplinen kaum ansatzweise geleistet werden konnte. Mit solchen Denkwelten werden die meisten Wassernutzer, -forscher und -praktiker kaum je in Berührung gekommen sein oder sie als exotische oder vormoderne Eigenarten abgetan haben, die für den täglichen Umgang mit Wasser keine (wenn nicht sogar eine hinderliche) Rolle spielen. Doch ist es, so Böhme weiter, «ein ängstliches Vorurteil zu meinen, dass die Aufhebung der Tabus, die über vormoderne Wasser-Mythen und -Poesien, über naturphilosophische Traditionen insgesamt verhängt sind, auf Blockierung des wissenschaftlichen Fortschritts zielten».[228] Ein solches Vorurteil wäre nicht nur eine Beleidigung der Kulturhistoriker, Anthropologen, Ethnologen, Philosophen, Ethik- und Religionswissenschaftler, die – leider kaum bemerkt von der vorherrschenden Wasserforschung und -praxis – diese Wissensbestände mühsam aufarbeiten und auf deren kreative Potentiale hinweisen. Man muss vielleicht nicht so weit wie Böhme gehen zu behaupten, dass «die Verdrängung der Symbol-Geschichte des Wassers die blinde und rücksichtslose Ausbeutung, Verschwendung und Zerstörung dieses Naturreiches zur Kehrseite» habe. Aber wenn man dem beschworenen Paradigmenwandel noch einmal auf den Zahn fühlt, merkt man doch, dass viele Dimensionen menschlichen Daseins und menschlicher Wahrnehmung noch sehr unter der Oberfläche bleiben. Insbesondere in nichtwestlichen, weniger säkularisierten Kulturkreisen sind solche Symbolwelten und tieferen Bezüge zum Wasser aber auch heute noch recht bestimmend, wiewohl sie sich auf eigentümliche Weise mit materialistischem Denken vermengen oder im Widerspruch dazu stehen.

Vor allem die religiösen Bezüge des Menschen zum Wasser sind ausgesprochen vielfältig und hochgradig ambivalent, in Theorie und Praxis. Bevor es spätestens im 19. Jahrhundert wissenschaftlich «objektiviert», also fast gänzlich entmystifiziert wurde, kam dem Wasser auch in Europa eine viel reichere kulturelle und religiöse Bedeutung als heute zu. Ohnehin von zentraler Bedeutung in Schöpfungsmythen, Fruchtbarkeits-, Lebens-, Todes- und Andersweltvorstellungen,[229] wurden dem Wasser und seinen Quellen Heil-, Wahrsagungs- und spirituelle Reinigungskräfte zugeschrieben. In der Antike bzw. im vorchristlichen West-, Nord- und Osteuropa hat man den natürlichen Gewässern bzw. den ihnen innewohnenden Wassergeistern, -göttern und -göttinnen auf vielerlei Weise gehuldigt: Archäologisch zahlreich belegte Ansammlungen von Münzen und Statuetten (mit Porträts von Flussgottheiten), Votivtafeln, kleine Altäre und Tempel, aber auch Blumen- und Tieropfer bezeugen, dass die «Hydrolatrie» – die kultische Wasserverehrung – weit verbreitet war. Auch säumten Statuen, Säulen, Mosaikböden und Brunnenumfassungen mit Darstellungen von Flusswesen den öffentlichen Raum im alten Rom und in seinen Provinzen – Porträts mit einer bis ins Alte Ägypten und den Alten Orient zurückreichenden Vorgeschichte.

Warum das Wasser bzw. seine Elementarwesen mit Verehrung und mit Opfergaben bedacht wurden, bleibt in vielen Fällen Spekulation. Die Beschwichtigung der Götter spielte sicher eine wichtige Rolle, nicht zuletzt weil das Wasser ja auch zerstörerisches Potential hat, wie die Römer bei den häufigen Überflutungen des Tiber erfahren mussten. Aber unsere Vorfahren scheinen außerdem eine Art «hydrolatrischen Instinkt» gehabt zu haben, der so stark war, dass eine Übernahme der Wasserverehrung ins spätere Christentum außer Frage stand – wenn nun auch die Wassergeister den Heiligen und die Quellaltäre den Kapellen weichen mussten. Sogar als die Calvinisten den Glauben an intrinsisch heiliges Wasser und dessen teufelsabwehrende Kraft selbst als Teufelswerk ächteten und sie kurzerhand Weihwasserbecken in Schweinetröge umfunktionierten, hielt sich die Wasserverehrung noch lange Zeit, insbesondere im ländlichen England.[230] Die fast gänzliche Desakralisierung des Wassers und seine beginnende Ausbeutung im 19. Jahrhundert haben dann allerdings den vorläufigen Schlussstein auf diese Entwicklung gesetzt. Wasserverehrung und Wassermythen sind in der modernen westlichen Welt allenfalls noch Gegenstand von Literatur und Kunst, etwa in Form des vielschichtigen Topos der Nymphen und Nixen.[231]

Echte Formen der Hydrolatrie halten sich dagegen auch heute noch in den weniger säkularisierten Teilen der Welt. Die Sachlage ist bisher nur skizzenhaft aufgearbeitet, aber das reicht aus, um eine ungefähre Ahnung von der Dimension dieses zeitgenössischen religiös motivierten Umgangs mit Wasser zu erhalten.[232] Theologen haben mit einigem Erfolg herausgearbeitet, dass allen heutigen Religionen Anregungen oder gar moralische Verpflichtungen zu einem Wasser-, Natur- und auch Klimaschutz innewohnen. Ein Beispiel ist, dass das Menschenrecht auf Wasser eine wichtige Rolle in der kirchlichen Entwicklungsarbeit spielt und entsprechende Umsetzung in solidarischen Projekten findet. So widmet sich auch die im Juni 2015 veröffentlichte Umwelt-Enzyklika von Papst Franziskus der Wasserfrage, unter anderem mit sehr kritischen Tönen zur Privatisierung, die den «Zugang zu sicherem Trinkwasser [als] ein grundlegendes, fundamentales und allgemeines Menschenrecht» zu untergraben drohe.[233] Interessant ist in diesem Zusammenhang auch die in muslimischen Stellungnahmen im Nachgang zu den Dublin-Prinzipien (vgl. Abschnitt 6.2) aufgeworfene Frage, ob Wasser als ökonomisches Gut oder als universales Menschenrecht bzw. als Gottesgabe zu begreifen sei.

Übrigens wurde ein Menschenrecht auf Wasser zum ersten Mal auf einer Weltwasserkonferenz der Vereinten Nationen im Jahre 1977 formal deklariert: Jeder, so heißt es, habe ein Recht auf Zugang zu Trinkwasser, das in Qualität und Menge den Grundbedürfnissen entspricht. Aber erst 2010 wurde der wegweisende Schritt übernommen, ein völkerrechtlich verbindliches Grundrecht auf sauberes Wasser und Sanitärversorgung zu verbriefen. Während ähnliche Passagen in den Verfassungen verschiedener Länder zu finden sind und Aktionen laufen, um die rechtlichen, institutionellen und finanziellen Voraussetzungen zur Umsetzung des universellen Ziels zu schaffen, dauert die Diskussion an, wie hoch denn der Grundbedarf an Wasser ist: Die Weltgesundheitsorganisation und das Kinderhilfswerk der Vereinten Nationen sprechen von allermindestens 20 Litern pro Person und Tag, doch wenn man den gesamten Bedarf für den privaten Haushalt und verschiedene weitere Tätigkeiten einbezieht, kommt man eher auf 120 Liter.[234] Der substantiell höhere Wasserbedarf für die Nahrungsmittelproduktion ist in dieser Zahl natürlich noch nicht enthalten, und auch die geografische und kulturelle Diversität des Wasserbedarfs wäre bei der Umsetzung zu bedenken.

Im Großen und Ganzen ist es jedenfalls fraglich, ob theologische Exegesen und Verlautbarungen Praxisrelevanz im Sinne eines besonneneren und gerechteren Umgangs mit Wasser erlangen. Tatsächlich klafft nämlich oft eine frappierende Lücke zwischen diesem theoretischen Anspruch und den Realitäten vor Ort. Ein Paradebeispiel ist die hochgradige Verschmutzung von verschiedenen Flüssen in Indien mit Schwermetallen, Exkrementen, Leichenteilen, Tierkadavern, Krankheitskeimen und allerlei anderen Giften, die im Zuge religiöser Massenfeste noch verschärft wird – und das, obwohl diese Flüsse, zum Beispiel der Ganges, als heilig gelten und der feierliche Gang ins Wasser ein Reinigungs-, Heilungs- und Erlösungsritual ist. Zwar wird der Kloakenzustand der Flüsse als furchtbar wahrgenommen, aber ihrer spirituellen Reinigungskraft und den Flussgottheiten scheint er nichts anhaben zu können. Erst jüngst gibt es dank der Initiative Einzelner die Hoffnung darauf, dass durch Kapital der indischen Regierung und der Weltbank eine chemisch-biologische Regeneration der Flüsse eingeleitet wird. Auch einige religiöse Führungspersönlichkeiten verweigern inzwischen das Bad im Fluss und erwägen ein Verbot der Rituale, was aber letzten Endes die uralten Kulturhandlungen bedroht.

Dies zeigt sehr anschaulich, wie religiöse Interpretationen und Rituale durch die Umweltdynamik verändert werden können – aber auch in diesem Falle (wie im Murrumbidgee-Gebiet) wiederum erst zu einem Zeitpunkt, zu dem die Zweierbeziehung zwischen Gesellschaft und Umwelt/Wasser äußerst kritisch geworden ist. Ähnlich verhält es sich übrigens mit dem Jordan, der im kollektiven religiösen Denken seiner

Anrainer noch immer einen mythischen Status hat, unter anderem wegen seiner zentralen Rolle in biblischen Erzählungen wie der Taufe Jesu. Deshalb suchen Pilger den Fluss von alters her zu Taufritualen auf, zuletzt fast eine Million pro Jahr (seit dem Sechstagekrieg 1967 aber nur mehr an einzelnen Zugängen). Heute ist vor allem der untere Jordan ein religiös, geopolitisch, hydrologisch und ökologisch aufgeladenes Gewässer. Im Schatten der weitgehenden Unsichtbarkeit des Flusslaufs in militärischem Sperrgebiet wurde er auf weiten Strecken hochgradig mit Schadstoffen überfrachtet; zeit- und streckenweise fällt er fast gänzlich trocken. Es gibt Bestrebungen, jüdische, christliche und muslimische Führungspersönlichkeiten an der Wiederbelebung des Flusses als funktionierendes Ökosystem und des Jordantals als kulturelles und historisches Erbe zu beteiligen. Angesichts der tief verwurzelten politischen und religiösen Konflikte in diesem Gebiet erhalten ökologische Fragen aber relativ wenig Aufmerksamkeit.[235] Die Zukunft wird zeigen, ob der «profane» wasserwirtschaftliche Paradigmenwechsel von den verschiedenen Religionen und Kulturen mitgetragen und um humanitäre Tiefendimensionen bereichert wird.

Bewässerungskultur auf Bali

Das klassische Fallbeispiel zum Thema Religion – Wasser – Landwirtschaft sind die nach religiösen Riten operierenden Bewässerungsgenossenschaften auf der indonesischen Insel Bali. Dieser Fall veranschaulicht gleichzeitig den Konflikt zwischen der «modernen» Sicht und der bei so genannten «indigenen» Völkern noch besonders ausgeprägten Wahrnehmung von Wasser als sakralem Element. Diese Wahrnehmung ist durchaus typisch für eine ganze Menge der weltweit noch bestehenden, sowohl technisch als auch mental komplexen traditionellen Bewässerungssysteme.[236]

Die von der indonesischen Regierung in den 1970er Jahren beauftragte Modernisierung des traditionellen *subak*-Bewässerungssystems im balinesischen Reisanbau stieß im wahrsten Sinne des Wortes auf unfruchtbaren Boden. Einige Kennzeichen dieses von diffizilen religiösen Praktiken und Sinngebungen durchdrungenen Systems sind die Regulierung durch Wasserpriester innerhalb einer Anlage von Wassertempeln, Massengebete in Dürrezeiten sowie symbolische Verbindungen zwischen dem Wasser, heiligen Stätten und dem Paradies. Die unregelmäßigen Zu- und Abflüsse entlang der Berghänge sollten der neuen Agrarpolitik zufolge durch zentrale, rechengestützte Planung und Steuerung effektiver geregelt und genutzt werden, obwohl sich der Anbau bisher als produktiv und nachhaltig erwiesen hatte. Dabei übersah man jedoch, dass das traditionelle System mit seinen fixen Bewässerungsintervallen mittelbar dem Befall durch Schädlinge (unter anderem Ratten und Heuschrecken) vorbeugte, die in den für alle Bauern geltenden fixen Brachzeiten mangels Nahrung zugrunde gingen. Grassierender Schädlingsbefall und durch anschließend eingesetzte Pestizide hervorgerufene Grund- und Trinkwasserverschmutzung führten schließlich zur Aufgabe der neu eingeführten Bewässerungsmethodik. So kann man schlussfolgern: «Während die Agraringenieure den Zufluss von Bewässerungswasser an den Bedarf der Pflanzen anpassen wollten, haben die *subak*-Bauern seit jeher Pflanzzeiten und Bewässerungsintensität auf die aktuelle Wassermenge im Fluss sowie die Notwendigkeit der schädlingshemmenden Simultanbestellung der Felder abgestimmt. Die Vernetzung des Wissens über das Gesamtsystem und die zu erwartende Wassermenge wird von den Wasserpriestern gewährleistet. Entscheidend für das Funktionieren der *subak* ist das sichere Gefühl der Bauern, im Einklang mit den natürlichen Zyklen zu stehen, und die Sicherheit durch Jahrhunderte an priesterlicher und bäuerlicher Erfahrung. Über all das hält [die Göttin] Dewi Danu ihre schützende Hand – nicht der Markt, nicht die Verwaltung, nicht das Gesetz.»[237]

Am Beispiel Bali wird deutlich, dass die in Abschnitt 6.3 genannten Maßnahmen zur einträglicheren Nutzung blauen und grünen Wassers, so nachhaltig und effizient sie sich auch im Planungsstadium darstellen, im Einzelfall einer Integration des überlieferten Wissens lokaler Bevölkerungsgruppen bedürfen. Aber auch wenn es manchmal verlockend erscheint, tradierte, religiös-holistische Wissensformen dem modernen, eher als reduktionistisch erachteten Wissen prinzipiell vorzuziehen: Die noch bestehenden – und ebenso die antiken oder mittelalterlichen – Wasserkulte und religiös verankerten Wassernutzungssysteme darf man nicht romantisieren, schon gar nicht bezüglich ihrer vermeintlichen ökologischen Orientierung.[238] Epochemachend wäre neben dem Schutz und der Wiederherstellung traditioneller Systeme die ökologisch und sozial verträgliche Kombination des damit verknüpften Wissens mit hochmoderner Technologie, sensibel abgestimmt auf die jeweiligen naturräumlichen und sozialen Möglichkeiten. Tatsächlich besteht bereits an vielen Orten eine bald friedliche, bald spannungsgeladene Koexistenz von lokalen indigenen Glaubens- und Wissensformen mit christlichem oder islamischem, naturwissenschaftlich-technologischem und globalem Wissen. Beispielsweise setzt Australien als eines der ersten Länder die 2007 von der UN-Generalversammlung angenommene «Erklärung der Vereinten Nationen über die Rechte der Indigenen Völker» um, ebenso wie Teile der im Rahmen einer Weltwasserkonferenz 2003 abgegebenen «Indigenous Peoples' Kyoto Water Declaration».[239] Konkret heißt dies, dass Australien den Aborigines endlich ein ausdrückliches Mitspracherecht bei der Nutzung von Gewässern innerhalb ihrer Territorien einräumt, was einer bemerkenswerten Umstrukturierung von bisherigen Machtverhältnissen und Nutzungsprioritäten gleichkommt.[240]

Vor allem der Anthropologe David Groenfeldt publiziert seit einigen Jahren zu der Frage, was die Wasserperspektive indigener Bevölkerungsgruppen im Kern ausmacht, wo und wie diese mit säkularem westlichen Denken kollidiert, und unter welchen Umständen sie in die Wasserwirtschaft Eingang finden könnte. Als einen Wesenszug der «animistischen» Sichtweise indigener Völker identifiziert er vor allem das Verständnis vom wesenhaften Zusammenhang und der Balance aller Dinge. Demzufolge ist es selbstverständlich, Gewässern, Landschaften, Pflanzen und Tieren einen Eigenwert beizumessen. Ein weiteres Grundelement ist die Anerkennung der menschlichen Verantwortung für das Wasser im Widerspiel mit der Verantwortung des Wassers für den Menschen (die es etwa durch seinen Beitrag zum Pflanzenwachstum erfüllt) – ähnlich Goethes Reflexion über die partnerschaftliche Beziehung zwischen Müller und Bach (siehe Abschnitt 2.1). Dieses Verständnis ist nicht so verkürzt wie die im christlichen Kulturkreis über viele Jahrhunderte vorherrschenden teleologischen Argumente im Sinne von Gott «habe den Regen erdacht, damit Pflanzen wachsen» zum Wohle des Menschen als Endzweck – eine einseitige Perspektive, die lange Zeit «die kausale Untersuchung verhindert oder erschwert» und die Ausbeutung der Natur befördert haben mag.[241] Wegen der potentiell weltgeschichtlichen Relevanz solcher Mentalitätsverschiebungen und angesichts dessen, was im 21. Jahrhundert auf dem Spiel steht, ist es jedenfalls weit mehr als eine theologische Spitzfindigkeit zu fragen, ob die heute diskutierte Zusammenführung von kausaler naturwissenschaftlicher Analyse mit holistischeren religiösen Sichtweisen zu einer nachhaltigeren Mensch-Umwelt-Beziehung beitragen kann.

Ähnliche Denkfiguren finden sich auch in neuzeitlichen ökologischen Diskursen, im taoistischen Gedanken des *wu wei* (vgl. Abschnitt 2.1) und speziell in dem mittlerweile recht weit verbreiteten Bemühen, Fluss-, Aue- und Deltaökosystemen einen eigenen Wasserbedarf zuzugestehen.[242] Schon vor längerem gab es weitgehende Überlegungen zu einer «Charta der Flussrechte», die nach antikem Vorbild die Gewässer als Partner befragen würde. Tatsächlich hat Neuseeland Anfang 2017 den Fluss Whanganui als Reaktion auf Forderungen der Maori zu einer juristischen Person erklärt, unmittelbar danach zog Indien mit dem Ganges und dem Jamuna nach. Grundsätzlichere Vorschläge finden sich in der gerade von verschiedenen Organisationen vorbereiteten *Water Ethics Charter* oder auch in der unter Bürgerbeteiligung erarbeiteten Berliner Wassercharta, die soziale, ökologische und ökonomische Grundsätze einschließt.[243]

Groenfeldt sieht schließlich in den indigenen Erfahrungswelten und in der Forderung nach einem «Recht für die Natur» Ansatzpunkte für eine zeitgemäße «Wasserethik». Darunter wäre ein neu überlegtes Wertesystem zu verstehen (in Anlehnung an Aldo Leopolds 1949 formulierte Landethik und jüngere umweltethische Diskurse), das als Orientierung für möglichst weise Wassernutzungsentscheidungen dienen kann. Sandra Postel hatte Anfang der 1990er Jahre als Erste (!) überhaupt einmal ein «neues ethisches Verhältnis zum Wasser» gefordert.[244] Nach ihrer Überzeugung ist der zentrale Punkt der Wasserprobleme der Welt, dass «die moderne Gesellschaft den Bezug zu den lebensspendenden Eigenschaften des Wassers» und «die Achtung vor dem ungebändigten Fluß, dem komplexen Wirkungsgefüge von Feuchtgebieten und dem vernetzten Lebenssystem verloren [hat], das vom Wasser aufrechterhalten wird».[245] In diesem Sinne stellt Groenfeldt heraus, dass ja schon immer eine Wasserethik das Handeln geprägt hat – nur eben keine ganzheitliche, die zum Beispiel auch Minderheiten und Ökosystemen eine Stimme verleiht. Wenn etwa die implizite Ethik in der Deckung jedweden Wasserbedarfs der Einwohner einer Wüstenstadt wie Phoenix besteht, dann ist es völlig legitim, große Staudämme zu bauen oder den Ökosystemen das Wasser abzugraben; den Flussökosystemen einen Vorrang einzuräumen, wäre unter diesen Voraussetzungen sogar ein regelrecht unethisches Verhalten …

Die bisherigen ethischen Fundamente und ihre Implikationen in verschiedenen Regionen müssten daher einmal transparent gemacht und neue Sicht- und Handlungsweisen entwickelt werden. In einem persönlichen Gespräch hat David Groenfeldt auch darauf hingewiesen, dass sich eine neue Ethik der Wasserversorgung im Einklang mit einer komplementären Ethik der Wassernachfrage befinden muss, um erfolgreich zu sein. Bereits 1865 hat der neoklassische Wirtschaftstheoretiker William Stanley Jevons in der Kohleindustrie den Umstand beobachtet, dass eine Erhöhung der Nutzungseffizienz einer Ressource gemeinhin einen Anstieg ihres Verbrauchs zur Folge hat statt, wie eigentlich vorgesehen, einen Rückgang. Dieses heute vor allem in Bezug auf den Ressourcen- und Energieverbrauch kontrovers diskutierte Paradox wird in der ökonomischen Literatur als Rebound-Effekt beschrieben und unter anderem mit dem niedrigeren Preis der effizienter genutzten Ressource erklärt.[246] Ein Beispiel aus dem Wassersektor: Im westlichen Kansas (USA) hat eine Umstellung auf effektivere Bewässerungssysteme letzten Endes zu einer höheren Grundwasserentnahme geführt als zuvor, da man sich nun erlaubt hatte, mehr Fläche zu bewässern und wasserintensivere Kulturen anzubauen.[247]

Insbesondere einige Publikationen der UNESCO geben Handreichungen für eine neue Wasserversorgungs- und Wassernachfrageethik bzw. eine optimale Vorgehensweise (eine *best ethical practice*). Diese Prinzipien lassen sich wie folgt stichpunktartig zusammenfassen: Zugang zu Wasser für Alle im Namen der menschlichen Würde; aktive Teilhabe, insbesondere auch von Frauen, Armen und Minderheiten, in allen wichtigen Planungs- und Entscheidungsverfahren; Transparenz dieser Prozesse und uneingeschränkter Zugang zu Informationen; Solidarität aller Anrainer innerhalb von Flusseinzugsgebieten; Betrachtung des Wassers als Gemeinschaftsgut; Schutz und sorgsame Nutzung von Wasser unter Beachtung einer gerechten Aufteilung zwischen heutigen Nutzern, zukünftigen Generationen und Ökosystemen.[248] Ähnliche Prinzipien finden sich auch im IWRM wieder, das mit seiner Maxime zur Steigerung der ökonomischen und sozialen Wohlfahrt allerdings auch utilitaristische Züge trägt.[249]

Gemessen an der Relevanz und Dringlichkeit einer neuen Wasserethik ist die Anzahl an Forschungsarbeiten und Konzeptpapieren zu diesem Thema erschreckend gering – die wasserethische Diskussion steckt noch in den Kinderschuhen. Es gibt bislang keine systematische, über einzelne Fallstudien hinausgehende Darstellung heute dominanter Ethiken, geschweige denn einen breiten Konsens, wie eine neue, gerechtere Wasserethik auszugestalten wäre. Auch die vielen im Rahmen der laufenden wasserwirtschaftlichen Renaissance abgegebenen Verlautbarungen enthalten meist keine tieferen ethischen bzw. moralischen Begründungen. *Warum genau* zum Beispiel Flüsse in einem natürlichen Zustand erhalten bzw. in einen solchen Zustand rückgeführt werden sollen, wird selten explizit gemacht, obwohl solche ethischen Begründungen förderlich für den weiteren Prozess wären.[250] Sicher erscheint nur, dass die weltweiten Wasserprobleme ohne ein geistiges Fundament, das den Respekt vor den natürlichen Grenzen zum Inhalt hat, nicht lösbar sind; dass die Abwägungen zwischen den verschiedenen Nutzungs- und Bewirtschaftungsweisen regionalspezifisch und – gemäß den genannten UNESCO-Empfehlungen – demokratisch zu treffen sind; und dass die Einhaltung dieser Prinzipien von der Selbstverpflichtung und vom Selbstverständnis, vom ganz persönlichen Ethos aller Beteiligten abhängt. Aber auch jenseits religiöser, ethischer und moralischer Überlegungen haben gerade Flüsse, Seen und das Meer einen hohen Lebens-, Erfahrungs- und manchmal sogar Identitätswert für die meisten Menschen. Wer sich dessen bewusst wird, ist schon auf dem Weg zu einem weniger reduktionistischen Umgang mit Wasser und seiner Neuentdeckung als Kulturgut.[251]

Sicher ist auch – die Weltgeschichte der Wassernutzung zeigt es ja eindrücklich –, dass es von nachgerade globaler Bedeutung ist, welches Wasserethos wir als Teil unseres Verständnisses vom «guten», «richtigen» Leben entwickeln. Wollen wir mit der Biosphäre haushalten oder gegen sie, wie es Andreas Weber einmal formuliert hat?[252] Von diesem Tiefenverständnis der Mensch-Umwelt-Beziehung hängt die Antwort auf viele ungelöste globale Wasserfragen ab. Um nur ein paar Beispiele zu nennen: Darf die Wasser- und Landnutzung zur Eindämmung des weltweiten Verlusts der biologischen Vielfalt begrenzt werden, wenn dies die Nahrungsmittelproduktion gefährdet? Kann ein weiter steigender Fleischkonsum in Industrie- und Schwellenländern noch gerechtfertigt werden angesichts dessen hohen Wasser- und Flächenbedarfes in den Exportländern (von tierethischen Überlegungen ganz zu schweigen)? Sollen wasserintensive Nahrungsmittel generell in wasserreichen Gebieten produziert und dadurch massive institutionelle, geo- und handelspolitische Umstrukturierungen in Gang gesetzt werden? Wie und auf welcher Ebene müsste eine Wasserwirtschaft organisiert sein, die den heute Benachteiligten in aller Welt, den zukünftigen Generationen und den Ökosystemen eine Stimme einräumt? Oder andersherum: Genügen Profitmaximierung und Prestigesteigerung als Entschuldigung, in noch mehr Gebieten das Wasserbudget bis zum Anschlag auszuschöpfen? Und weiter: Wie viele Tote durch Dürren, Überschwemmungen, dreckige Gewässer und fehlende sanitäre Grundausstattung sollen noch in Kauf genommen werden?

8 Resümee und Perspektiven

8.1 Stereo-Perspektiven

Ich ermutige in diesem Buch zur Einnahme verschiedener Perspektiven, um die wechselseitigen Zusammenhänge zwischen der menschlichen Zivilisation und den Süßwasserressourcen der Erde in den Blick zu nehmen. Diese zweiseitigen Medaillen – sieben an der Zahl – möchte ich im Folgenden verdeutlichen, um daraufhin noch einmal die Existenz einer globalen Wasserkrise zu hinterfragen.

(1) Zuoberst ist festzuhalten, dass «Wasserknappheit» immer in einem (zeitlich und räumlich begrenzten) kulturellen bzw. mentalen Kontext steht. Wer das Wasser beispielsweise als Ressource oder marktgängige Ware wahrnimmt, wird sich eher von Engpässen umgeben sehen als jemand, der die Wässer als «Blutkreislauf der Biosphäre»[253] mit vielseitigen Funktionen für Mensch und Natur achtet und die natürlichen Grenzen respektiert. Zumindest die vergangenen anderthalb Jahrhunderte waren stark von der Ressourcen-Mentalität geprägt, vom Aufspüren immer weiterer Wasservorräte und von technologischen Errungenschaften, die dies ermöglichten. Die so erreichte Entkopplung des Menschen der Moderne von seinen natürlichen Grundlagen hat die «hydraulischen Gesellschaften» schließlich in eine Abhängigkeit von ebendiesen Technologien, Infrastrukturen und Institutionen geführt. Aber diese werden nun auf eine enorme Belastungsprobe gestellt: Das Wasserdargebot des 21. Jahrhunderts wird nicht in dem vom 20. Jahrhundert bekannten Verfügbarkeits- und Schwankungs-

bereich bleiben, und eine weiter steigende Nachfrage wird nicht mehr durch Erschließung weiterer Ressourcen mit gängigen Mitteln gedeckt werden können. Zu groß ist die Gefahr uferloser ökologischer Schäden und nichtlinearer Entwicklungen, die bisherige Erfahrungen übersteigen und nicht mehr handhabbar sind. Der begonnene wasserpolitische Paradigmenwandel, der für den sorgsamen Umgang mit Wasser, den Erhalt von Ökosystemen und die Hinterfragung von Konsumgewohnheiten sensibilisiert, ist indessen ein Indiz für eine gewisse «Rückbindung» des Menschen an die Biosphäre.[254]

(2) Daraus folgt unmittelbar, dass eine wie auch immer definierte Wasserknappheit oder -krise nicht allein die Folge niedriger Wasservorkommen ist, sondern auch und vor allem das Resultat einer (unverhältnismäßig hohen) Nachfrage. Steigt bei auf lange Sicht ungefähr gleichbleibenden Vorräten der Bedarf weiter an, werden irgendwann die Peaks überschritten und kritische Engpässe treten ein. Bei der Suche nach Ursachen und Lösungen sind also immer beide Seiten zu betrachten – allein die Wasserzulieferung verbessern zu wollen ist nicht zielführend. Erschwerend kommt inzwischen allerdings der Umstand hinzu, dass der anthropogene Klimawandel die natürlichen Wasservorräte in einigen Regionen verringert.

(3) Die komplexen Zusammenhänge zwischen Wassernutzung, Landbewirtschaftung, Ökosystemansprüchen und Ernährungsmustern verweisen deutlich darauf, dass Wasserprobleme und ihre Lösungen oft in Bereichen zu finden sind, die nur mittelbar mit dem Wasser zu tun haben. Diese Perspektive verlangt also, dass nicht nur der eigentliche Wassersektor, sondern auch die damit verbundenen Sektoren und Prozesse in Problemanalysen und -lösungen einzubeziehen sind. Im Endeffekt heißt das, über Ressort- und administrative Grenzen hinweg zu kooperieren und inter- bzw. transdisziplinär zu arbeiten.

(4) Um diese vielseitigen Prozesse zu erfassen und die Zukunft planerisch zu gestalten, sind die gängigen Messungen und Simulationen zwar unabdingbar. Aber die generierte Zahlenflut ist für viele Menschen zu abstrakt. Vor allem erschließt sie nicht immer die humanitäre Dimension vieler Wasserprobleme, denn lange nicht alles Entscheidende ist auch bezifferbar. Ist die nüchterne Feststellung, dass heutzutage vielleicht zwei Milliarden Menschen unter Wassermangel leiden, aufrüttelnder und berührender als detaillierte Einblicke in die Einzelschicksale vieler Kleinbauern oder Slumbewohner? Wie lässt sich die soziale Uneinheitlichkeit der weltweiten Wasserprobleme optimal darstellen und kommunizieren – zum Beispiel die in einigen Gesellschaften komplett unterschiedliche Sichtweise von Männern und Frauen? Gewinnt die Betrachtung von Statistiken zum virtuellen Wasserhandel nicht enorm durch die persönliche Reflexion über die globalen Zusammenhänge zwischen dem gerade verzehrten Essen und den Umständen der Wassernutzung in weit entfernten Produktionsgebieten der Essensbestandteile? Die Erweiterung des Blickfelds darf keine Scheu haben vor qualitativer (sozial- und geisteswissenschaftlicher) Forschung und auch nicht vor anderen Wissens- und Vermittlungsformen. Das schließt die Belletristik, die darstellende Kunst und die Musik ein, die, anders als die systematisierende Wissenschaft, ihre Aufmerksamkeit dem Besonderen, dem Eindringlichen, dem Subversiven schenken.[255] Hochwertige Arbeiten solcher Art verwässern nicht die wissenschaftliche Schärfe mathematischer Analysen, sondern verleihen ihnen eine tiefere Bedeutung und emotionale Dimension.

(5) Die Wechselwirkungen zwischen Mensch und Wasser koevolvieren über die Zeit, und zwar inzwischen so großräumig und intensiv, dass man den globalen Wasserkreislauf nur mehr als soziohydrologisches Hybridsystem begreifen kann.[256]

So wie sich Gesellschaften und ihre Mentalitäten dynamisch entwickeln (nicht zuletzt in Abhängigkeit von ihrer Wasserumgebung), verändert sich auch die Art und Weise ihrer Eingriffe in den Wasserkreislauf. Diese Änderungen wirken wiederum auf die Gesellschaft zurück und begründen neuartige Interaktionen. *Panta rhei*, «alles ist im Fluss» – noch während das Alte vergeht, entsteht schon das Neue: Diesen dem griechischen Philosophen Heraklit zugeschriebenen Spruch hat die International Association of Hydrological Sciences ausdrücklich als Motto für ihr laufendes Wasserforschungsprogramm gewählt, das sich der Untersuchung des Nebeneinanders und Nacheinanders verschiedener menschlicher Zugänge zum Element Wasser widmet.[257] Die sich formierende, an Wechselwirkungen von Gesellschaft und Wasser interessierte Soziohydrologie gehört zu den derzeit spannendsten Forschungsfeldern überhaupt.

(6) Auch Zukunftsszenarien sind eine Facette der Koevolution: Im Idealfall produzieren sie mentale Feedbacks, und zwar derart, dass die Vorausschau verhängnisvoller Entwicklungen Aktivitäten in Gang setzt, die genau diesen Entwicklungen entgegenwirken. So gesehen erweisen sich Szenarien auch dann als im Grunde richtig, wenn sie am Ende gar nicht eintreten. Die gelungene Vermeidung eines unkontrollierbar großen Ozonlochs, nachdem dessen Ursachen erkannt und die Konsequenzen einer weiteren massenhaften Anwendung von Fluorchlorkohlenwasserstoffen in Sprays erkannt waren, ist ein solches Beispiel. Auch jeder Raucher ist gewarnt vor den möglichen, indes abwendbaren Folgen seines Tuns. Passend dazu schrieb der Kulturhistoriker Ernst H. Gombrich zu den Anfang des 16. Jahrhunderts entstandenen Schreckensgemälden von Hieronymus Bosch, dass sie ein «anschauliches Bild von Dingen geben, die kein menschliches Auge je erblickt hatte» – Höllenvisionen, die zur Realität werden können,

wenn die Menschen ihre lasterhaften Pfade nicht verlassen. Und weiter: «Mag sein, daß das nur zu diesem Zeitpunkt möglich war, da die alten Vorstellungen noch lebendig waren, während zugleich der neue Geist den Künstlern die Mittel in die Hand gab, darzustellen, was sie sahen.»[258] Analog dazu gibt es heute hervorragende Möglichkeiten zur computergestützten Simulation von «Höllenvisionen» – und (dank einer neuen Geisteshaltung?) von alternativen, nachhaltigeren Welten, in denen man sich gegen die Dystopien gestemmt haben wird.

(7) Hinzu kommt, dass lokale ökologische und soziale Wasserprobleme oft von Prozessen in weiter Ferne beeinflusst werden. Ihre Ursachen und somit auch die Lösungen sind zunehmend globalisiert, können also nicht allein vor Ort behoben werden. Die weltweit verzweigten Pfade der Konsumgüter und des zu ihrer Erzeugung auf sehr unterschiedliche, nicht selten problematische Weise eingesetzten Wassers sowie der Einfluss des globalen Klimawandels auf das lokale Wasserdargebot sind wichtige Beispiele dafür. Auch können aufgrund der recht engen internationalen Vernetzung regionale Wasserkrisen globale Bedeutung erlangen und in gar nicht direkt vom Wassermangel betroffenen Gebieten noch größere Schäden verursachen als im Ursprungsgebiet der Krise. Ein Beispiel sind die verschiedenen Dürren der letzten Jahre, die zu erhöhten globalen Nahrungsmittelpreisen und zu sozialen Unruhen und Bürgerkriegen im Nahen Osten und nördlichen Afrika beigetragen haben. Wir sollten also unseren blauen Planeten als Ganzes, als stark durch menschliche Aktivitäten geprägtes und dadurch empfindlicher gewordenes Erdsystem wahrnehmen – und unseren unmittelbaren Aktionsradius als Mikrokosmos, der in das globale Netz eingewoben ist. Fällt Ihnen spontan eine Aktivität ein, die nicht irgendwie mit der Wassersituation andernorts verstrickt ist?

8.2 Globale Wasserkrise?

Die derzeitige Weltwassersituation und die historische Entwicklung dahin lässt sich vielleicht am anschaulichsten anhand des Peak-Water-Konzepts beschreiben, das mehrere Stufen der Überschreitung von Wassernutzungsgrenzen unterscheidet.[259] In vielen Gebieten ist der «ökologische Peak» schon überschritten, also der Punkt, an dem anthropogene Wasserentnahmen und Gewässermodifikationen zu einer schwerwiegenden und gegebenenfalls unumkehrbaren Schädigung der Ökosysteme in und an den betroffenen Gewässern geführt haben. Dieses Phänomen manifestiert sich beispielsweise darin, dass seit 1900 die Hälfte aller Feuchtgebiete der Erde verschwunden sind (vor allem durch Entwässerung) und dass die Biodiversität in Binnengewässern seit 1970 um die Hälfte zurückgegangen ist (ein noch schnellerer Verlust als in den Land- und Meeresökosystemen). In vielen der betroffenen Flussgebiete ist auch schon der «Peak erneuerbaren Wassers» überschritten, indem praktisch alles Wasser, das durch Niederschläge zugeliefert werden kann, verbraucht wird. Die zwangsläufige Folge ist ein noch über die Verminderung der Ökosystemfunktionen hinausgehender Rückgang der Wasserführung von Flüssen, Seen, Talsperren und Grundwasserleitern, so dass oft, wie beim Colorado, kaum noch Wasser im Delta ankommt (vgl. Abschnitt 2.2). Schließlich geht in einigen dieser Gebiete – oder dort, wo die Wasserressourcen von vornherein auf fossiles Grundwasser beschränkt sind – der Wasserverbrauch so weit, dass auch die Überschreitung des «Peaks nicht erneuerbaren Wassers» droht. Wo dieser Fall eintritt, ist eine weitere Förderung im Grunde nicht mehr möglich oder zumindest nicht mehr rentabel. In vielen davon betroffenen Einzugsgebieten – in Indien, den USA und Nordchina – wird man also nicht mehr lange auf örtliche Wasserressourcen zurückgreifen können: Was dort fast unvermeidlich folgen wird, ist die Einschränkung der Wassernutzung, die Abhängigkeit von überregionalen Wasserzuleitungen oder die Abhängigkeit vom virtuellen Wasserhandel. Hinzu kommt, dass sich der fortschreitende Klimawandel anschickt, in vielen Regionen die natürlichen ober- und unterirdischen Wasservorräte deutlich zu vermindern – chronisch und/oder akut durch an Intensität und Häufigkeit zunehmende Dürren.

Während das dreistufige Peak-Water-Konzept das Schrumpfen von Wasservorräten beschreibt, könnte eine parallele Erzählweise danach fragen, wie es überhaupt zu dieser Entwicklung gekommen ist. Wie in Abschnitt 3.1 dargelegt, sind herkömmliche Studien, die bloß die Einwohnerzahl dem Wasserangebot gegenüberstellen und dann feststellen, dass der globale Bevölkerungsanstieg die Hauptursache für sich verschärfenden Wassermangel ist, zu einfach. Die aktuellen Forschungsanstrengungen, den Wasserbedarf nach den für Regionen und Produkten spezifischen Wasserproduktivitäten und den grün-blauen Wasseranteilen genauer aufzuschlüsseln, die skalenübergreifende Governance- und Global-Commons-Forschung oder die Fortschritte im Verständnis sich wechselseitig bedingender soziohydrologischer Entwicklungen zeigen die Richtung der globalen Wasserforschung an. Ich persönlich hielte es für besonders vielversprechend, ein besseres und formalisiertes Verständnis der Wasserkomponente des sozialen «Metabolismus» – der Stoffwechselrate von Gesellschaften mit ihrer natürlichen Umwelt – am Beispiel der zeitlich und räumlich höchst variablen Mensch-Wasser-Beziehung zu erarbeiten. In der Menschheitsgeschichte wurden bisher drei «sozialökologische Regimes» ausgemacht: Jäger-und-Sammler-, agrarische und Industriegesellschaften.[260] Die Frage ist, ob ein abermaliger Regimewechsel möglich ist, der die hochkomplexen industrialisierten Gesellschaften aufrechterhält ohne die dramatische Verletzung von Umweltgrenzen. Die geschilderten vielen Facetten «weicheren» Umgangs mit dem Wasser wären jedenfalls unabdingbare Elemente einer solchen Transformation.

Damit komme ich zu dem oft bemühten Begriff «globale Wasserkrise», der alles andere als schlüssig definiert ist: Ist eine solche Krise erst erreicht, wenn ein Großteil der Menschheit unter (wie definiertem?) Wassermangel leidet? Oder schon, wenn es «nur» die Hälfte der Weltbevölkerung tut? Oder alternativ, wenn die Hälfte der Gewässerökosysteme nicht mehr intakt ist? Wie groß darf der Wasserfußabdruck der Menschheit werden? Wäre eine vorübergehende globale Krise, ausgelöst zum Beispiel durch gleichzeitige Dürren in mehreren bedeutenden Agrarregionen, noch erträglich? Die Geschichte des Zwei-Grad-Klimaziels zeigt, wie mühsam es ist, eine wissenschaftlich fundierte, politisch einigermaßen verbindliche globale Umweltleitplanke zu definieren und dann auch einzuhalten.[261] Beim Wasser ist die Lage aber noch viel komplizierter. Die Wasservorräte sind sehr ungleich verteilt, und anders als beim Klimawandel, der sich in der Anreicherung der atmosphärischen CO_2-Konzentration und dem Anstieg der globalen Mitteltemperatur ausdrückt, gipfeln Gesamtverschiebungen des Wasserkreislaufs nicht in einem solchen vergleichsweise einfach zu messenden summarischen Prozess (zumindest ist noch nicht klar, welcher das sein könnte). Dass wir deshalb noch weit von einem halbwegs objektiven Maß für eine globale «rote Linie» entfernt sind, spiegelt sich auch in den Schwierigkeiten wider, die Tragfähigkeit der Erde aus Wassersicht oder eine planetare Grenze für die Veränderung des Wasserkreislaufs zu bestimmen – so wie es auch Vorbehalte gibt, überhaupt in solchen Bahnen zu denken.[262] Immerhin aber gibt es mit dem Konzept des Wasserfußabdrucks ein bereits vielfach verwendetes Maß, den Beitrag verschiedener Akteure zur

Überschreitung bzw. zur Einhaltung der (wie auch immer definierten) Grenze anzugeben.[263] Wie schon in dem ethischen Fragenkatalog am Ende von Kapitel 7 angedeutet: Letzten Endes ist es ein Prüfstein für unsere zivilisatorischen Werte, wie viele Brennpunkte mit moderaten oder schwerwiegenden, akuten oder chronischen Wasserproblemen toleriert werden. Schon wenn man keine allzu strengen Maßstäbe anlegt, lassen die schiere Summe desaströser Einzelentwicklungen und die ausgesprochen hohe Anzahl der Menschen mit mangelhafter Wasserversorgung kaum einen anderen Schluss zu, als dass eine erdumspannende Wasserkrise längst Realität ist.

Und doch: Ohne den vielerorts manifesten Wassermangel, wie er in präziseren Begriffen wie «globale Wasserverteilungs- und Wasserqualitätskrise»[264] oder «globale Grundwasserkrise»[265] zu fassen versucht wurde, in Abrede zu stellen, bleibt das Ganze eine Angelegenheit mit vielen Janusgesichtern, wie in Abschnitt 8.1 angesprochen. Dass eine Weltwasserkrise keine unausweichliche natürliche Entwicklung ist, sondern dass der Mensch durchaus Einfluss darauf hat bzw. Mitschuld daran trägt, ist mittlerweile recht klar ins Bewusstsein gerückt. Diesem Umstand wird gern damit Ausdruck verliehen, die Missstände zu einer «Managementkrise» zu erklären, die durch Korrektur bestimmter Fehlentwicklungen und durch effizientere Infrastrukturen behoben werden kann. Doch ein solcher Technizismus ist noch zu sehr dem schwindenden Paradigma des «Alles immer»[266] verhaftet. Dieses Denken versperrt allzu leicht den Blick auf die vielfältigen Bedeutungen des Wassers in unterschiedlichen sozialen und geografischen Kontexten und somit auf die Fülle von (heute vielleicht noch ungeahnten) Chancen, eine ganz andere, genügsamere (suffiziente) und sozial gerechtere Wassernutzung, Nahrungsmittelproduktion und Konsumkultur zu erreichen. Stets ist auch zu fragen, wer aus welchem Motiv heraus Begriffe wie «Knappheit» oder

«Krise» bemüht (vgl. Abschnitt 3.1) – zum Beispiel in Fällen, in denen diese den Umstand verschleiern, dass es nicht um eine temporäre (und somit kurzfristig lösbare) Krisensituation, sondern um einen Dauerzustand geht, dessen Verantwortlichkeiten weit über den Wassersektor hinausreichen.[267] Wenn aber «die summarische Rede von einer globalen Krise» einen Zweck hat, dann diesen: Sie verdeutlicht nachdrücklich «die teils moralisch begründete, teils in wohlverstandenem Eigeninteresse liegende Verantwortung der Weltgemeinschaft, nach Lösungen zu suchen» für die räumlich und sozial unterschiedlichen Ausprägungen einer eigentlich dauerhaften, in ihrer Tragweite globalen Misere.[268]

Der notwendigen langfristigen und fachübergreifenden Perspektive wäre ein neues Wasserethos (bzw. formalisierter: eine neue Ethik) dienlich, das die Umweltgrenzen respektiert, die Gewässerökosysteme wieder in einen intakten Zustand überführt und den gerechten Zugang aller Menschen zu sauberem Wasser einschließt. Selbstverständlich geht es nicht darum, in einer Art blinder Naturverehrung «ökologische Ziele gegen gesellschaftliche Werte durchzusetzen. Die Absicht ist vielmehr, die einen durch die anderen zu erhalten.»[269] Die Umweltgrenzen sind also nicht als Beschränkungen von Wohlstand und Entwicklung zu verstehen, sondern als Leitplanken, die der Verbesserung der Lebensumstände heutiger und zukünftiger Generationen dienen.[270] Freilich widersetzt sich dieses Ethos dem weit verbreiteten (spät-)kapitalistischen «Extraktivismus», dem zufolge Wasser, Land und Menschen kaum mehr als auszubeutende Ressourcen sind, die letztlich nur dem Systemerhalt dienen.[271]

Welche Länder und Akteure auch immer es sein werden, die ihre Wasservorkommen und -kreisläufe sozial-ökologisch resilient gestalten werden: Sie könnten sich mit einer zeitgemäßen Wasserkultur große Vorteile verschaffen und gleichzeitig

Anreize für neue überregionale kooperative Verbünde schaffen – womöglich ein Stabilitätsanker in einer Welt, deren Zusammenhalt deutliche Risse zeigt. Die konfliktreiche zivilisatorische Wasserhistorie zeigt, dass es sich aus wirtschaftlichen, politischen und ethischen Gründen lohnt, gewissenhaft um eine solche überregionale «Wasserarchitektur» zu ringen. Denn die Krux ist und bleibt die ungleichmäßige Verteilung der Süßwasservorräte – und gerade in einer zunehmend globalisierten Welt wird niemand darauf bauen können, dass Wasserverschmutzung, Dürren, Missernten und ihre Folgen vor Landesgrenzen Halt machen.

Nun könnte man anführen, dass in der bisherigen Menschheitsgeschichte sehr wohl eine gewisse Ortsunabhängigkeit erreicht wurde: durch kleinräumige Wassersammel- und Wassertransportanlagen (Zisternen, Qanate, Schöpfeimer, später auch Tankwagen); durch Aquädukte und großräumige Flussumleitungen; durch Pumpungen aus der Tiefe; durch Stauwerke entlang von Flussläufen; durch internationalen virtuellen Wasserhandel; schließlich durch Entsalzung von Meerwasser. Wer weiß – dank des ungebrochenen menschlichen Erfindungsreichtums auch und gerade in Krisensituationen gelingt eines Tages vielleicht eine weitgehende räumliche Unabhängigkeit frei von den heutigen materiellen und ökologischen Kosten?

Ein Rekurs auf die Weltgeschichte der Wassernutzung von den ersten Bewässerungskulturen bis zur Industriellen Revolution (vgl. Abschnitt 2.1) zeigt jedenfalls, dass dem Aufstieg von Kulturen und Gesellschaftsformen oft Quantensprünge in der Verfügbarkeit oder Nutzbarmachung von Wasser vorausgingen.[272] Es wäre aber leichtsinnig, sich in Erwartung bahnbrechender Innovationen zurückzulehnen. Denn umgekehrt hing auch der Abstieg von Kulturen nicht selten mit klimatisch bedingten Einbrüchen in der Wasserverfügbarkeit und/oder

der nicht nachhaltigen Nutzung von Wasser und Land zusammen. Zum Beispiel wurde für Europa mittels aufwändiger statistischer Analysen gezeigt, dass das kältere Klima der Kleinen Eiszeit im Zeitraum von Mitte des 16. bis Mitte des 17. Jahrhunderts sukzessive zu landwirtschaftlichen, ökologischen, sozialen und demografischen Katastrophen führte.[273] Der entscheidende Faktor für diese Kettenreaktion waren offenbar durch die Klimaanomalie hervorgerufene Rückgänge in der Agrarproduktion. Auch ist die These vertreten worden, dass das im Römischen Reich etablierte Netz an Wasserinfrastrukturen und Getreidehandelsbeziehungen zwar Witterungsschwankungen abfedern konnte (ein frühes Beispiel für virtuellen Wasserhandel über recht große Distanzen!), dass aber das so ermöglichte Bevölkerungswachstum (in den Städten) das Reich längerfristig an seine natürlichen Belastungsgrenzen geführt und zu dessen Destabilisierung beigetragen hat.[274]

Zukunftsoptimisten seien also mit den Worten des Ethnologen Clifford Geertz gewarnt:[275] Ihm zufolge ist es eine Illusion zu glauben, die heutigen hoch technisierten Gesellschaften hätten sich von den Zwängen der Natur befreit. Im Gegenteil: Gerade wegen ihrer Abhängigkeit von diesen Technologien seien sie womöglich anfälliger gegenüber Umweltänderungen als vormoderne Gesellschaften. Sollten sich in Zukunft die Wasserprobleme zuspitzen und räumlich immer weiter ausgreifen, so dass unsere auf die derzeitigen Verhältnisse getrimmten Mechanismen nicht mehr greifen, ist es im Prinzip also möglich, dass sich gesellschaftliche Zusammenbrüche in noch größerem Maßstab als in früheren Jahrhunderten vollziehen. Besonders gefährlich sind die (teilweise bereits manifesten) ultimativen Wasserlimits in einigen Gebieten sowie mögliche, über mehrere Jahrzehnte während Megadürren in großflächigen, für die globale Nahrungsmittelproduktion

wichtigen Regionen. Schon jetzt bleiben aufgrund der zunehmenden, aber auch fragilen internationalen Vernetzung durch
die Handelsbeziehungen selbst wasserreiche Industrieländer
nicht mehr von den Folgeschäden von Dürren und Ernteausfällen in anderen Ländern verschont.[276]

Im Einzelnen waren und sind die gesellschaftlichen Abläufe
in Reaktion auf Klimaschwankungen oder -trends jedoch sehr
differenziert, sicher nicht monokausal und auch nicht zwangsläufig fatal. Neuere modellbasierte Forschungen zum plötz-
lichen Untergang der klassischen Maya-Kultur vor etwa
1000 Jahren, der bisher oft mit einer längeren Dürrezeit (und
dem Versagen der Herrscher, diese vorherzusagen) in Zusammenhang gebracht wurde, legen zum Beispiel nahe, dass das
Klima für einen solchen Kollaps nur einer von vielen Faktoren
ist: Es kann sein, dass die damalige Ursache eher die allmäh-
liche Bodendegradation an landwirtschaftlichen und Handels-
knotenpunkten war, so wie die ganze Abfolge der Ereignisse
durch komplexe Mensch-Umwelt-Interaktionen gekennzeich-
net war, die schwerlich nach ihrer Bedeutsamkeit und Reihen-
folge geordnet werden können.[277] Im heutigen Murrumbidgee-
Einzugsgebiet, das, wie beschrieben, ebenfalls zu einem
attraktiven Landwirtschafts- und Handelsstandort avanciert,
dann aber aufgrund ebendieser Entwicklung mit Wasser-
engpässen und ökologischen Schäden konfrontiert war, ist
man durch ein Umdenken einer weiteren Abwärtsspirale ent-
kommen. Und so wird auch der detaillierte Ablauf weiterer
existierender und angebahnter Wasserprobleme dynamischen
Mensch-Umwelt-Koevolutionen gehorchen, deren Varianten-
reichtum und mögliche überraschende Wendungen bislang nur
an Einzelbeispielen erforscht worden sind. Die auf so vielen
Ebenen und von so vielen Akteuren getroffenen menschlichen
Entscheidungen sind die größte Unbekannte im Weltwasser-
karussell.

8.3 Visionen

Eine der bekanntesten internationalen Wassertagungen ist die alljährlich im spätsommerlichen Stockholm stattfindende *World Water Week*. Beachtenswert an dieser Konferenz ist, dass Wissenschaftler, Wasserwirtschaftler, Politiker, Unternehmer und andere Akteure aus aller Welt zur Diskussion nachhaltiger Lösungen für bestimmte Wasserproblemfelder zusammenfinden. 2012 ging es um den hier besonders interessierenden Zusammenhang von Wasser- und Landwirtschaft. Eine kleine Gruppe junger Wissenschaftler hatte während dieser Konferenz den Auftrag (unter Einbindung der Tagungsteilnehmer und, per Twitter, nicht anwesender junger Kollegen), die dringlichsten Fragen der Wasser- und Nahrungsmittelsicherheit sowie entsprechende Lösungsvorschläge zusammenzutragen. Als Ergebnis zeichneten sie ein imposantes Bild davon, wie eine globale Wasser- und Ernährungssicherung um das Jahr 2050 organisiert sein sollte, und was bis dahin getan werden müsste, um diese Vision Realität werden zu lassen. Ambitioniert wurde eine Welt ersonnen, in der alle Menschen Zugang zu sauberem Wasser, ausreichenden Nahrungsmitteln und medizinischer Versorgung haben – integrierte Bestrebungen, die auch in den Nachhaltigen Entwicklungszielen formuliert sind. In dieser Welt kooperieren die «traditionell» Verantwortlichen (Wasserbehörden, Regierungsbeauftragte, Industrielle) in transparenter, verantwortlicher und vertrauensvoller Weise mit bisher vernachlässigten Gruppen wie Frauen, jungen Leuten und indigenen Bevölkerungsteilen. Zu dieser Welt gehört weiterhin die Institutionalisierung vorausschauenden Wissens, um Wasser, Land und Ökosysteme weise, integrativ und nachhaltig zu nutzen, gewährleistet durch breite Bildung, freien Zugang zu Informationen und proaktives Engagement.

Den Nachwuchs-Hydrologen ist in ihrem Idealismus sehr

wohl bewusst, dass die heutige Praxis meist noch weit von diesen Erwartungen entfernt ist. Als Schritte auf dem langen Weg
dorthin identifizieren sie die ganze Palette der Maßnahmen,
die ich in den vorangegangenen Kapiteln vorgestellt habe, und
deren mögliche Beiträge sich teilweise beziffern lassen: unter
anderem höhere Investitionen in eine nachhaltige, effizientere
und anpassungsfähige Land- und Wasserwirtschaft; eine res-
sourceneffiziente gesunde Ernährung bei gleichzeitiger Vermeidung von Nahrungsmittelverlusten; die Förderung entsprechender Unternehmensmodelle mit Perspektiven für die
Stärkung der Selbständigkeit lokaler Gemeinschaften; die
Mehrfachnutzung von Wasser und anderen Ressourcen; und
der Aufbau fairer Märkte. All dies verlangt Revolten (durchaus
im Sinne von Albert Camus), die stetige Überprüfungen und
Korrekturen im Einklang mit den sich laufend verändernden
Umwelt- und sozialen Bedingungen zulassen. Deutlich klingt
an, dass es um viel mehr als eine schlichte Modifikation bestehender Wassernutzungspraktiken geht – nämlich um eine
Kombination von (über den eigentlichen Wassersektor hinaus-
reichenden) technologischen, ökonomischen, sozialen, politischen, kulturellen und institutionellen Transformationen, die
ohnehin nicht losgelöst voneinander betrachtet werden können, da sie sich gegenseitig beeinflussen.

Ohne tiefgreifende Werte- und Paradigmenwandel auf all
diesen Schauplätzen wird es auch meiner Meinung nach nicht
gehen: Die Entwicklungs- und Denkpfade der letzten Jahrzehnte führen sicher nicht zur Einhaltung von globalen Nach-
haltigkeitszielen wie der Schonung unserer Wasservorräte und
Ökosysteme.[278] Es ist also «an der Zeit, dass wir [die Zivilge-
sellschaft] zu einer grundsätzlichen, kritischen Bestandsaufnahme in unseren Köpfen bereit sind».[279] Ob bewusst oder un-
bewusst – an diesem Prozess ist jeder Mensch gemäß seinem
ganz persönlichen Ethos beteiligt.

Am Ende von George Pals kongenialer Verfilmung (1960) von H. G. Wells' Novelle *Die Zeitmaschine* fragt sich ein Freund des in die ferne Zukunft aufgebrochenen Protagonisten beim Anblick einer Lücke im Regal, welche Bücher er selber wohl mitgenommen hätte, um die kommende Gesellschaft zu verbessern. Stellen Sie sich doch (so wie die jungen Wasserexperten) abschließend einmal vor, Sie selbst seien der oder die in Abschnitt 6.1 imaginierte Zeitreisende aus einer Zukunft, in der die Wasser- und Nahrungsmittelversorgung mit Ihrer Mithilfe fair gelöst sein wird. Auf welche Informationen hätten Sie zum Erreichen dieses Ziels zurückgegriffen? Was hätten Sie hinterfragt, was gemieden, was propagiert? Hätten Sie im Rahmen Ihrer ganz individuellen Möglichkeiten zu positiven Veränderungen in Ihrem Einflussbereich beigetragen, und wenn ja, wie? Welcher Vision wäre Ihr Handeln gefolgt?

Schließlich: Was wird ein in 50, 500 oder 5000 Jahren verfasstes Buch oder buchähnliches Medium tatsächlich zur dann aktuellen Weltwassersituation und zum Weg dorthin zu berichten haben? Von Kohle und Öl wird früher oder später keine Rede mehr sein. Aber die Frage, wie man an das lebensnotwendige, durch nichts ersetzbare Wasser kommt, wird die Menschheit bis an ihr Ende begleiten.

Quellen und Anmerkungen

Direkte Zitate aus englischen Quellen wurden vom Autor übersetzt. Alle angegebenen Internetlinks wurden zuletzt am 24.08.2017 aufgerufen.

1 Karbe, A. J.: *Wasser – Segen und Gefahr.* Verlagsanstalt Hermann Klemm / Erich Seemann (1957).

2 Vgl. dazu Radkau, J.: *Das Zeitalter der Ökologie.* C.H.Beck (2011), S. 100.

3 So die Einschätzung von Mitgliedern des Weltwirtschaftsforums, reports.weforum.org/global-risks-2017. Das Risiko umfasst die direkte Gefährdung von Produktionsabläufen und Zulieferungsketten durch Wasserknappheit und sich daraus ergebende strengere Auflagen; vgl. Hoekstra, A. Y.: Water scarcity challenges to business, *Nature Climate Change* 4, 318–320 (2014).

4 *Water for a Sustainable World* (World Water Development Report 2015). UNESCO (2015).

5 Chartres, C. & Varma, S.: *Out of Water.* FT Press (2011), S. 103 ff.

6 Insbesondere Pearce, F.: *Wenn die Flüsse versiegen.* Kunstmann (2007); Feist, S. (Hrsg.): *Weltmacht Wasser.* Herbig (2009); Orsenna, E.: *Die Zukunft des Wassers.* C.H.Beck (2010); sowie, eindrücklich bebildert, Lanz, K. et al. (Hrsg.): *Wem gehört das Wasser,* Lars Müller (2006). Flussbiografien: Kruchem, T.: *Lebensader Orange River.* Brandes & Apsel (2012); Weithmann, M. W.: *Die Donau.* Pustet (2012); Mauch, C. & Zeller, T. (Hrsg.): *Rivers in History.* University of Pittsburgh Press (2008); Ackroyd, P.: *Die Themse.* Albrecht Knaus (2008); Tvedt, T. & Jakobsson, E. (Hrsg.): *Water Control and River Biographies.* A History of Water, Vol. 1. I. B. Tauris (2006); Tümmers, H. J.: *Der Rhein.* 2. Aufl., C.H.Beck (1999). Dokumentarfilme: etwa Arthus-Bertrand, Y.: *Die Durstige Welt* (2013); Baichwal, J. & Burtynsky, E.: *Watermark* (2013); Salina, I.: *Wasser ist Leben – Flow* (2009).

7 Crutzen, P. J. & Stoermer, E. F.: Have we entered the «Anthropocene»? *Global Change Newsletter* 41, 17–18 (2000).

8 Tölle-Kastenbein, R.: *Antike Wasserkultur.* C.H.Beck (1990), S. 8.

9 Zitat aus Böhme, H.: Umriß einer Kulturgeschichte des Wassers. Eine Einleitung. In: ders. (Hrsg.), *Kulturgeschichte des Wassers.* Suhrkamp (1988), S. 13. Zum Wasser als Molekül und seiner biologisch-chemischen Geschichte siehe Ball, P.: H_2O – *Biographie des Wassers.* Piper (2001).

10 Alle hier genannten Zahlen nach der jüngsten Revision von Kotwicki, V.: Water balance of Earth, *Hydrological Sciences Journal* 54, 829–840 (2009).

11 Da zur Ermittlung der globalen Niederschlagssumme unterschiedliche Datensätze, Methoden und Bezugsflächen in Betracht kommen, weichen die Schätzungen etwas voneinander ab. Ich stütze mich im Folgenden auf die Klimadatenbank TS 3.0 der Climate Research Unit, Norwich (badc.nerc.ac.uk/data/cru). Aktuelle Darstellungen der Weltwasserbilanz und der menschlichen Einflüsse darauf finden sich in Tang, Q. & Oki, T. (Hrsg.): *Terrestrial Water Cycle and Climate Change.* AGU & Wiley (2016).

12 Für eine inspirierende weitergehende Darstellung dieser Art vgl. Symader, W.: *Was passiert, wenn der Regen fällt?* UTB (2004).

13 Viviroli, D. et al.: Mountains of the world – water towers for humanity: typology, mapping and global significance, *Water Resources Research* 43, W07447 (2007).

14 Hauptsächlich wegen regional unsicherer Niederschlagsdaten können die gezeigten Werte in einzelnen Flussabschnitten über oder unter den tatsächlichen Werten liegen; vgl. Biemans, H. et al.: Impacts of precipitation uncertainty on discharge calculations for main river basins, *Journal of Hydrometeorology* 10, 1011–1025 (2009).

15 Siehe dazu Simpson, P.: Water stewardship in the twenty-first century, *Nature Climate Change* 4, 311–313 (2014).

16 Postel, S.: Sustaining freshwater and its dependents. In: The Worldwatch Institute (Hrsg.), *Is Sustainability Still Possible? State of the World Report 2013.* Island Press (2013), 51–62.

17 Rockström, J. et al.: A safe operating space for humanity, *Nature* 461, 472–475 (2009); Steffen, W. et al.: Planetary boundaries: guiding human development on a changing planet, *Science* 347, 1259855. Ergänzend ist zu sagen, dass der menschliche Süßwasserverbrauch nur als erstes grobes Maß für die Gesamtheit der anthropogenen Änderungen des globalen Wasserkreislaufs dient.

18 Gerten, D. et al.: Towards a revised planetary boundary for consumptive freshwater use: role of environmental flow requirements, *Current Opinion in Environmental Sustainability* 5, 551–558 (2013 a).

19 Nach Rockström, J. et al.: *Water Resilience for Human Prosperity.* Cambridge University Press (2014). Zum Abgleich mit neueren Berechnungen des landwirtschaftlichen Wasserverbrauchs (laut Tabelle 1) wurden deren Angaben hier leicht modifiziert.

20 Fishman, C.: *The Big Thirst.* Free Press (2011), S. 17, 320.

21 Zum Ursprung des Wassers vgl. Cleeves, L. I. et al.: The ancient heritage of water ice in the solar system, *Science* 345, 1590–1593 (2014). Zum Schicksal des irdischen Wassers siehe Bounama, C. et al.: The fate of Earth's ocean, *Hydrology and Earth System Sciences* (HESS) 5, 569–575 (2001).

22 Ausführliche Darstellung in Falkenmark, M. & Rockström, J.: *Balancing Water for Humans and Nature.* Earthscan (2004).

23 Oft wird mit dem Begriff «grünes Wasser» alles verdunstende Wasser bezeichnet. Ich berücksichtige hier allerdings die Herkunft des Wassers und bezeichne den Anteil der Verdunstung als «blau», der auf das zur Bewässerung aus Flüssen, Talsperren, Seen oder dem Grund entnommene Wasser zurückgeht. Die unproduktive Verdunstung wird gelegentlich als «weißes Wasser» bezeichnet, Abwässer auch als «graues Wasser».

24 Allan, T.: *Virtual Water: Tackling the Threat to Our Planet's Most Precious Resource.* I. B. Tauris (2011).

25 Mithen, S.: *Thirst – Water & Power in the Ancient World*, S. 31 f. Phoenix (2013). Dass im Übrigen schon in den Jahrzehntausenden zuvor die menschliche Besiedlung von Trockenregionen entlang permanenter Quellen erfolgte, wird nahegelegt von Bird et al.: Humans, water and the colonizsation of Australia, *Proceedings of the National Academy of Sciences of the USA* (PNAS) 113, 11 477–11 482 (2016).

26 Mithen (2013), a. a. O., S. 15.

27 Vgl. Fahlbusch, H.: Wassernutzung seit prähistorischer Zeit. In: Lozán, J. et al. (Hrsg.): *Warnsignal Klima: Genug Wasser für alle?*, 3. Aufl., E-Buch, Climate Service Center (2011), 105–117. Auch die Migrationen mit Bevölkerungskonzentrationen in fruchtbaren Flusstälern, die im Gefolge eines Klimaumschwungs vor 5000–6000 Jahren, der buchstäblich die Austrocknung des weiten Gebiets von der jetzigen Sahara bis hin nach Indien hervorrief, stattfanden, mögen zu einem kooperativen Umgang mit Wasser und anderen Naturressour-

cen gezwungen haben; vgl. Schellnhuber, H. J.: *Selbstverbrennung* Bertelsmann (2015), S. 252 f.

28 Zitat und folgende Anmerkungen aus Tölle-Kastenbein (1990), a. a. O., S. 42.

29 Eine hervorragende Globalgeschichte der Wassernutzung, der ich die genannten Beispiele entnehme, liefert Solomon, S.: *Water – the Epic Struggle for Wealth, Power, and Civilization.* HarperCollins (2010).

30 Tvedt, T.: Why England and not China and India? Water systems and the history of the Industrial Revolution, *Journal of Global History* 5, 29–50 (2010).

31 Zitate aus Tvedt, T.: *Wasser – eine Reise in die Zukunft*, C. H. Links Verlag (2013), S. 35, 81, 185.

32 Blackbourn, D.: *Die Eroberung der Natur*. Deutsche Verlags-Anstalt (2007), S. 249, 267.

33 Ebd., S. 121.

34 Goethe, J. W.: Betrachtungen im Sinne der Wanderer (88). In: *Versepen, Schriften, Maximen und Reflexionen* (Werke, Sechster Band). Insel (2007), S. 494. Laut Kommentar (S. 728) meint «befreundet» hier «willkommen».

35 Solomon (2010), a. a. O., S. 245 ff.

36 Angaben für 2012 nach United Nations: *The Millennium Development Goals Report 2014*, S. 44 f. United Nations (2014). Dazu ein vielsagendes Zitat: «Drei bis vier Milliarden US-Dollar jährlich wären nötig, um die Versorgung mit sanitären Anlagen auf der Welt auf den Stand zu bringen, den die Millenniumsentwicklungsziele vorsehen. Das entspricht ziemlich genau dem Beitrag, den Deutsche und Italiener zusammen jährlich für Flaschenwasser ausgeben.» – Dobner, P.: *Quer zum Strom – eine Streitschrift über das Wasser*, Bundeszentrale für politische Bildung (2013), S. 83 f.

37 Vgl. Lutteroth, J.: «Vision in der Wüste», www.spiegel.de/einestages/hoover-dam-talsperre-wird-80-vision-in-der-wueste-a-1053939.html (24.09.2015).

38 Chao, B. F., Wu, Y. H. & Li, Y. S.: Impact of artificial reservoir water impoundment on global sea level, *Science* 320, 212–214 (2008); sowie Internationale Kommission für Große Talsperren, Register of Dams, www.icold-cigb.org/GB/World_register/general_synthesis.asp (letzter Zugriff: 12.03.2015).

39 Siehe die Aufbereitung von Dambeck, H. & Miske, J.: Das letzte blaue Wunder Europas, www.spiegel.de/wissenschaft/uebermorgen/

albanien-der-vjosa-fluss-ist-das-letzte-blaue-wunder-europas-und-in-gefahr-a-1146095.html (23.07.2017).

40 Zarfl, C. et al.: A global boom in hydropower dam construction, *Aquatic Sciences* 77, 161–170 (2015); Grill, G. et al.: An index-based framework for assessing patterns and trends in river fragmentation and flow regulation by global dams at multiple scales, *Environmental Research Letters* (ERL) 10, 015001 (2015).

41 Barnett, J. et al.: Transfer project cannot meet China's water needs. *Nature* 527, 295–297 (2015).

42 Lanz et al. (2006), a. a. O., S. 150.

43 Vgl. zum Folgenden Kumar, S.: Wenn der Regen nicht mehr fällt, www.zeit.de/2016/23/duerre-indien-monsun-wasser-grundrecht (11.06.2016); das wörtliche Zitat zur mehrdimensionalen Krise stammt vom Kläger Y. Yadav.

44 Tvedt (2013), a. a. O., S. 197–203. Doch ist in diesen Regionen parallel auch ein Wandel hin zu Praktiken dezentraler, integrativer, überregionaler Wasserversorgung zu bemerken, siehe Abdullaev, I. & Rakhmatullaev, S.: Transformation of water management in Central Asia: from state-centric, hydraulic mission to socio-political control, *Environmental Earth Sciences* 73, 849–861 (2015).

45 Bensmann, M.: Heftiger Streit um zwei mächtige Ströme, *taz*, 27.12. 2012; Näheres in Schmitz, A.: Amudarja und Syrdarja: Konfrontation statt Kooperation. In: Mildner, S.-A. (Hrsg.), *Konfliktrisiko Rohstoffe? Herausforderungen und Chancen im Umgang mit knappen Ressourcen*, Stiftung Wissenschaft und Politik (2011), S. 34–43.

46 Orsenna (2010), a. a. O., S. 123.

47 Radkau (2002), a. a. O., S. 129 f. Zu Historie und mentalen Hintergründen dieses Ingenieursdenkens siehe Zhu, Q. & Jeziek, B. K.: In pursuit of the Dao in policymaking: toward a cultural approach to understanding engineering education policy in China, *Technology in Society* 38, 169–176 (2014).

48 Vgl. Solomon (2010), a. a. O., S. 101.

49 Liu, J. et al.: Water conservancy projects in China: achievements, challenges and ways forward, *Global Environmental Change* 23, 633–643 (2013).

50 Gleick, P. H.: Global freshwater resources: soft-path solutions for the 21st century, *Science* 302, 1524–1528 (2003).

51 Lawler, A.: Dams along Sudanese Nile threaten ancient sites, *Science* 336, 967–968 (2012).

52 Kibret, S. et al.: Malaria impact of large dams in sub-Saharan Africa: maps, estimates and predictions, *Malaria Journal* 14, 339 (2015).

53 Vgl. P. M. Fearnside, Greenhouse gas emissions from Brazil's Amazonian hydroelectric dams, ERL 11, 011002 (2016).

54 Zu diesen Problematiken vgl. Schellnhuber (2015), a. a. O., S. 432 ff.; und van Vliet et al.: Power-generation system vulnerability and adaptation to changes in climate and water resources, *Nature Climate Change* 6, 375–381 (2016).

55 Siehe Qiu, J.: Trouble on the Yangtze, *Science* 288–291 (2012).

56 World Commission on Dams: *Dams and Development: A New Framework for Decision-making.* Earthscan (2000). Aktuelle Berichte und Informationen zu dieser Thematik unter www.internationalrivers.org.

57 Bagla, P.: India plans the grandest of canal networks, *Science* 345, 128 (2014); Zaveri, E. et al.: Invisible water, visible impact: groundwater use and Indian agriculture under climate change, ERL 11, 084005 (2016).

58 Nach Stone, R.: Mayhem on the Mekong, *Science* 333, 814–818 (2011).

59 In Mittel- und Westeuropa scheint der Neubau von Kanälen und Talsperren (von Besonderheiten wie der Flutung der DDR-Braunkohletagebaue einmal abgesehen) ohnehin der Vergangenheit anzugehören: Sie sind ein wichtiger Teil der Infrastruktur und werden noch gern und mit wechselnden Prioritäten genutzt, sind aber von keiner besonderen Aura mehr umgeben. So hat schon in der unmittelbaren Nachkriegszeit der Schriftsteller Robert Aickman in England die Inland Waterways Association gründen müssen, damit man sich der Pflege und Wiederbelebung des vernachlässigten landesweiten Kanalnetzes annimmt (www.waterways.org.uk; hierzulande klärt etwa das Deutsche Talsperren-Komitee über Vorurteile und aktuelle Entwicklungen auf, www.talsperrenkomitee.de).

60 Ein Beispiel, wie Staudämme zu ihrem eigenen Niedergang beitragen können, ist die tsunamiähnliche «Katastrophe von Longarone» in den italienischen Alpen 1963: u. a. die aufgestauten Wassermassen selbst lösten einen Bergsturz und den nachfolgenden Bruch der 262 Meter hohen Vajont-Staumauer aus, der rund 2000 Todesopfer forderte.

61 Lovett, R. A.: Rivers on the run, *Nature* 511, 521–523 (2014); O'Connor, J. E. et al.: 1000 dams down and counting, *Science* 348, 496–497.

62 Datenquellen: Landwirtschaft – Simulationen aus Porkka, M. et al.: Causes and trends of global historical green-blue water scarcity in food production, ERL 11, 015001 (2016); Haushalte, Industrie – Flörke, M. et al.: Domestic and industrial water uses of the past 60 years as a mirror of socio-economic development: a global simulation study, *Global Environmental Change* 23, 144–156 (2013); Reservoire – Shiklomanov, I. A. & Rodda, J. C. (Hrsg.): *World Water Resources at the Beginning of the Twenty-First Century*, Cambridge University Press (2003), S. 374.

63 Vgl. Zhou, T. et al.: Human-induced changes in the global water cycle. In: Tang & Oki (2016), a. a. O., 57–69.

64 Shiklomanov & Rodda (2003), a. a. O., S. 369 ff.

65 Smakhtin, V., Revenga, C. & Döll, P.: A pilot global assessment of environmental water requirements and scarcity, *Water International* 29, 307–317 (2004); Steffen et al. (2015), a. a. O.

66 Famiglietti, J. S.: The global groundwater crisis, *Nature Climate Change* 4, 945–948 (2014); Richey, A. S. et al.: Quantifying renewable groundwater stress with GRACE, *Water Resources Research* 51, 5217–5238 (2015).

67 Gleick, P. H. & Palaniappan, M.: Peak water limits to freshwater withdrawal and use, PNAS 107, 11155–11162 (2010).

68 Vgl. Gurdak, J. J.: Climate-induced pumping, *Nature Geoscience* 10, 71–72 (2017).

69 Nach der Zusammenstellung in Gleick, P. H.: *The World's Water*, Vol. 7. Island Press (2012), S. 221 ff. Lokal kann die Situation natürlich anders sein. Ein Extrembeispiel sind US-amerikanische Wüstenstädte: In Phoenix lagen die Werte in den 1980er Jahren wiederholt bei über 1000 Litern pro Kopf und Tag! Seitdem sind sie zurückgegangen, wenn auch teilweise wegen Klimaschwankungen. Demgegenüber stellen der dort erwartete Bevölkerungszuwachs von heute 4,5 auf 7–9 Mio. in 50 Jahren und der zu intensiveren Dürren tendierende Klimawandel die lokalen Behörden vor große Herausforderungen; siehe Balling, R. C. Jr. & Gober, P.: Climate variability and residential water use in the city of Phoenix, Arizona, *International Journal of Applied Meteorology and Climatology* 46, 1130–1137 (2007); Gober, P. et al.: Urban adaptation to mega-drought: anticipatory water modeling, policy, and planning for the urban Southwest, *Sustainable Cities and Society* 27, 497–504 (2016).

70 Siebert, S. & Döll, P.: Bewässerungswassernutzung – eine globale

Perspektive. In: Lozán et al. (2011), a. a. O., S. 173–178; Siebert S. et al.: A global dataset of the extent of irrigated land from 1900 to 2005, HESS 19, 1521–1545 (2015). Übrigens befinden sich 11 % der Bewässerungsfläche in Städten und ihrem direkten Umfeld, womit die Landwirtschaft schon längst nicht mehr eine rein ländliche Angelegenheit ist; siehe Thebo, A. L. et al.: Global assessment of urban and peri-urban agriculture: irrigated and rainfed cropland, ERL 9, 114002 (2014).

71 Wada, Y., Wisser, D., Bierkens, M. F. P.: Global modeling of withdrawal, allocation and consumptive use of surface water and groundwater resources, *Earth System Dynamics* 5, 15–40 (2014); Siebert, S. et al.: Groundwater use for irrigation – a global inventory, HESS 14, 1863–1880 (2010).

72 Wada, Y. et al.: Past and future contribution of global groundwater depletion to sea-level rise, *Geophysical Research Letters* 39, L09402 (2012).

73 Emilemech, M. & Phillip, W. A.: The future of seawater desalination: energy, technology, and the environment, *Science* 333, 712–717 (2011).

74 Post, V. E. A. et al.: Offshore fresh groundwater reserves as a global phenomenon, *Nature* 504, 71–78 (2013).

75 Hanasaki, N. et al.: A global water scarcity assessment under Shared Socio-economic Pathways – part 2: water availability and scarcity, HESS 17, 2393–2413 (2013). Die dort nicht dokumentierten Wasserverbrauchsdaten wurden mir von Naota Hanasaki zur Verfügung gestellt. Natürlich hängen die Projektionen stark von den zugrunde gelegten sozioökonomischen Rahmenbedingungen ab, deren systematischer Vergleich unter Nutzung der besten Modelle und Datensätze hoch auf der aktuellen Forschungsagenda steht – vgl. Wada, Y. et al.: Modeling global water use for the 21st century: the Water Futures and Solutions (WFaS) initiative and its approaches, *Geoscientific Model Development* 9, 175–222 (2016).

76 Siebert & Döll (2011), a. a. O.; Jägermeyr, J. et al.: Reconciling irrigated food production with environmental flows for Sustainable Development Goals implementation. *Nature Communications* 8, 15900 (2017).

77 Alexandratos, N. & Bruinsma, J.: *World Agriculture Towards 2030/2050 – the 2012 Revision*. Food and Agriculture Organization of the United Nations (2012).

78 Daten nach Jägermeyr, J. et al.: Water savings potentials of irrigation systems: dynamic global simulation, HESS 19, 3073–3091 (2015).

79 Nach Heinke, J. et al., unveröffentlichtes Manuskript. Potsdam-Institut für Klimafolgenforschung.

80 Hoekstra, A. Y. & Chapagain, A. K.: *Globalization of Water*. Blackwell (2008), S. 10 ff.

81 Man kann sich beim Water Footprint Network gut informieren und nach standardisierten Verfahren auch seine eigenen Wasserverbrauchsmuster bestimmen: waterfootprint.org.

82 Betrachtet man z. B. die gesamten Umweltauswirkungen, so fällt die Rindviehhaltung besonders aus der Reihe; Eshel, G. et al.: Land, irrigation water, greenhouse gas, and reactive nitrogen burdens of meat, eggs, and dairy production in the United States, PNAS 111, 11 996–12 001 (2014).

83 Hoekstra, A. Y.: The hidden water resource use behind meat and dairy, *Animal Frontiers* 2, 3–8 (2012).

84 Ders.: A critique on the water-scarcity weighted water footprint in LCA, *Ecological Indicators* 66, 564–573 (2016).

85 Nach Hoekstra & Chapagain (2008), a. a. O., S. 14.

86 Ebd., S. 22 f.; siehe dort auch für ausführliche Länderstatistiken.

87 Hoff, H. et al.: Water footprints of cities – indicators for sustainable consumption and production, HESS 18, 213–226 (2014). Im nächsten Schritt ist noch genauer auf räumliche Unterschiede und konkrete Umstände der Wassernutzung zu schauen, was aufgrund der Datenlage aber nur für Fallstudien möglich ist, z. B. Flach, R. et al.: Towards more spatially explicit assessments of virtual water flows: linking local water use and scarcity to global demand of Brazilian farming commodities, ERL 11, 075 003 (2016).

88 Fader, M. et al.: Spatial decoupling of agricultural production and consumption: quantifying dependence of countries on food imports due to domestic land and water constraints, ERL 8, 014 046 (2013).

89 Die internen und internationalen politischen, ökonomischen und psychologischen Aspekte, die mit dem virtuellen Wasserhandel zusammenhängen bzw. ihn bedingen, sind sehr kontextspezifisch; lesenswert hierzu die ausführlichen Erfahrungsberichte von Allan (2011), a. a. O. (v. a. Kap. 5).

90 Hoekstra & Chapagain (2008), a. a. O., S. 42 ff. Angaben über virtuelle Wasserexporte und -importe können recht deutlich zwischen Studien differieren, je nach Genauigkeitsgrad, untersuchten Zeiträumen, ver-

wendeten Handelsstatistiken und angewandten (Verdunstungs-)Berechnungsmethoden. Übrigens spart der Agrarhandel global auch 5 % landwirtschaftliche Fläche ein – vgl. Fader, M. et al.: Internal and external green-blue agricultural water footprints of nations, and related water and land savings through trade, HESS 15, 1641–1660.

91 Dalin, C. et al.: Groundwater depletion embedded in international food trade, *Nature* 543, 700–704 (2017).

92 Rockström et al. (2014), a.a.O., S. 103 ff. Zum eng mit dem «Wasserraub» zusammenhängenden «Land Grabbing» siehe etwa Mehta, L., Veldwisch, G.J. & Franco, J.: Water grabbing? Focus on the (re) appropriation of finite water resources, *Water Alternatives* 5, 193–207 (2012).

93 Zum Beispiel fallen in Industrienationen pro Person und Tag im Mittel 3400 kcal mit einem 30%-Anteil tierischer Produkte und 3600 l Wasser an. Bei vegetarischer (nicht veganer) Ernährungsweise verringert sich der Wasserverbrauch um gut ein Drittel auf ca. 2300 l; individuell kann diese Einsparung natürlich noch höher sein. Angaben nach Hoekstra (2012), a.a.O.

94 Kummu, M. et al.: Is physical water scarcity a new phenomenon? Global assessment of water shortage over the last two millennia, ERL 5, 034006 (2010).

95 Falkenmark, M., Lundqvist, J. & Widstrand, C.: Macro-scale water scarcity requires micro-scale approaches, *Natural Resources Forum* 13, 258–267 (1989).

96 Vörösmarty, C.J. et al.: Global threats to human water security and river biodiversity, *Nature* 467, 555–561 (2010); Vörösmarty, C.J., Meybeck, M., Pastore, C.L.: Impair-then-repair: a brief history & global-scale hypothesis regarding human-water interactions in the Anthropocene, *Dædalus* 144, 94–109 (2015). Zu den genannten Kosten könnte man im Übrigen noch fast schon bescheidene 1–2 Mrd. $ addieren, die nötig wären, um das hydrometeorologische Messnetz in Ländern des Südens zu modernisieren und mit weiteren 500 Mio. $ jährlich instand zu halten; Fekete, B.M. et al.: Time for *in situ* renaissance, *Science* 349, 685–688 (2015).

97 Brichieri-Colombi, S.: *The World Water Crisis.* I.B.Tauris (2009), S. 37.

98 Dazu Ashton, P.: Avoiding conflicts over Africa's water resources, *Ambio* 31, 236–242 (2002).

99 Barlow, M.: *Blaue Zukunft.* Kunstmann (2014), S. 157 f.

100 Angaben für ein Gitternetz mit ca. 50 km² großen Zellen nach Vörösmarty, C.J. et al.: Global water resources: vulnerability from climate change and population growth, *Science* 289, 284–288 (2000). Nach Berechnungen mit anderen Modellen und Knappheitsmaßen ergibt sich bei gleicher Auflösung sogar eine Zahl von über 3 Mrd.; Rockström, J. et al.: Future water availability for global food production: the potential of green water for increasing resilience to global change, *Water Resources Research* 45, W00A12 (2009).

101 McDonald, R.I. et al.: Water on an urban planet: urbanization and the reach of urban water infrastructure, *Global Environmental Change* 27, 96–105 (2014).

102 Das liegt natürlich auch daran, dass die Ausdehnung landwirtschaftlicher Flächen und somit der Zugang zu grünem Wasser mit dem Bevölkerungswachstum Schritt gehalten hat. Damit verbundene Verletzungen anderer Umweltdimensionen sind in dieser Tragfähigkeitsberechnung also nicht berücksichtigt.

103 Nach Gerten, D. et al.: Global water availability and requirements for future food production, *Journal of Hydrometeorology* 12, 885–899 (2011).

104 Hansen, J. et al.: Global temperature in 2015. csas.ei.columbia. edu/2016/01/19/global-temperature-in-2015 (2016).

105 Mann, M.E. et al.: Proxy-based reconstructions of hemispheric and global surface temperature variations over the past two millennia, *PNAS* 105, 13 252–13 257 (2008).

106 Foster, G. & Rahmstorf, S.: Global temperature evolution 1979–2010, *ERL* 6, 044 022 (2011). Das Fehlen eines Abkühlungstrends zeigt sich auch darin, dass man bis zum Februar 1985 zurückgehen muss, um einen Monat zu finden, der global zu kalt war im Vergleich zum hundertjährigen Durchschnitt. Klar aufbereitete Monatsübersichten findet man unter www.ncdc.noaa.gov/sotc/global.

107 Hansen, J. Sato, M. & Ruedy, R.: Perception of climate change, *PNAS* 109, E2415–E2423 (2012).

108 Mann, M.E. et al.: Influence of anthropogenic climate change on planetary wave resonance and extreme weather events, *Scientific Reports* 7, 45 242 (2017).

109 Anschaulich dazu Pfister, C.: *Wetternachhersage*. Verlag Paul Haupt (1999).

110 Rahmstorf, S. & Schellnhuber, H.J.: *Der Klimawandel*. 7. Aufl.,

C.H.Beck (2012), S. 33. Aktuelle Werte unter scripps.ucsd.edu/programs/keelingcurve.

111 Wu, P., Christidis, N. & Stott, P.: Anthropogenic impact on Earth's hydrological cycle, *Nature Climate Change* 3, 807–810 (2013).

112 Vgl. IPCC: *Climate Change 2013: The Physical Science Basis.* Cambridge University Press (2013), S. 44.

113 Vgl. Coumou, D. & Rahmstorf, S.: A decade of weather extremes, *Nature Climate Change* 2, 491–496 (2012).

114 Gudmundsson, L. & Seneviratne, S. I.: Anthropogenic climate change affects meteorological drought risk in Europe, ERL 11, 044005 (2016). IPCC: *Managing the Risks of Extreme Events and Disasters to Advance Climate Change Adaptation.* Cambridge University Press (2012).

115 Wada, Y. et al.: Human water consumption intensifies hydrological drought worldwide, ERL 8, 034036 (2013).

116 Sheffield, J. et al.: Global and continental drought in the second half of the twentieth century: severity–area–duration analysis and temporal variability of large-scale events, *Journal of Climate* 22, 1962–1981 (2009).

117 de Bono, A. et al.: *Impacts of Summer 2003 Heat Wave in Europe.* Environment Alert Bulletin 2. UNEP/Grid-Europe (2004).

118 Lobell, D. B., Schlenker, W. & Costa-Roberts, J.: Climate trends and global crop production since 1980, *Science* 333, 616–620 (2011). Ergänzend ist zu bemerken, dass viele Regionen heute viel besser gewappnet sind als noch vor wenigen Jahrzehnten: Beispielsweise war 2012 in den USA meteorologisch ein noch schlimmeres Dürrejahr als 1988, aber die Ernteeinbußen waren deutlich geringer – und zwar dank technologischem Wandel; siehe Savage, N.: Predictive yield, *Nature* 501, S10–S11 (2013).

119 Für eine Übersicht einschließlich Erläuterung der meteorologischen Rahmenbedingungen siehe Sheffield, J. & Wood, E. F.: *Drought.* Earthscan (2011). Und auch Cook, E. R. et al.: North American drought: reconstructions, causes, and consequences, *Earth-Sciences Review* 81, 93–134 (2007).

120 Diffenbaugh, N. S., Swain, D. L. & Touma, D.: Anthropogenic warming has increased drought risk in California, PNAS 112, 3931–3936 (2015).

121 Griffin, D. & Anchukatis, K. J.: How unusual is the 2012–2014 California drought? *Geophysical Research Letters* 41, 1917–1923 (2014).

122 Thompson, K.: Last straw: how the fortunes of Las Vegas will rise or fall with Lake Mead, *Popular Science* (Juni 2014), www.popsci.com/article/science/last-straw-how-fortunes-las-vegas-will-rise-or-fall-lake-mead.

123 Howitt, R. et al.: *Economic Analysis of the 2014 Drought for California Agriculture*. Center for Watershed Sciences, University of California, Davis (2014).

124 Castle, S. L. et al.: Groundwater depletion during drought threatens future water security of the Colorado River Basin, *Geophysical Research Letters* 41, 5904–5911 (2014). Ein ähnliches Problem stellt sich in weiter östlich gelegenen Bundesstaaten – und auch in Nordindien, wo man aktuellen landwirtschaftlichen Dürren mit vermehrten Grundwasserentnahmen zu begegnen versucht, dadurch aber den Grundwasserspiegel um ein alarmierendes Maß weiter absenkt; Panda, D. K. & Wahr, J.: Spatiotemporal evolution of water storage changes in India from the updated GRACE-derived gravity records, *Water Resources Research* 52, 135–149 (2016).

125 Seager, R. et al.: Model projections of an imminent transition to a more arid climate in southwestern North America, *Science* 316, 1181–1184 (2007); Neelin, J. D. et al.: California winter precipitation change under global warming in the Coupled Model Intercomparison Project Phase 5 Ensemble, *Journal of Climate* 26, 6238–6256 (2013); Goulden, M. L. & Bales, R. C.: Mountain runoff vulnerability to increased evapotranspiration with vegetation expansion, PNAS 111, 14071–14075 (2014); Cook, B. I., Ault, T. R. & Smerdon, J. E.: Unprecedented 21st-century drought risk in the American Southwest and Central Plains, *Science Advances* 1, e1400082 (2015).

126 So die Einschätzungen des Wasserforschers Peter Gleick im Sommer 2014, *scienceblogs.com/significantfigures/index.php/2014/07/20/why-has-the-response-to-the-california-drought-been-so-weak*.

127 Etwa Dambeck, H.: Kalifornier rebellieren gegen das Wassersparen, www.spiegel.de/wissenschaft/natur/kalifornien-trotz-duerre-kritik-am-wassersparen-a-1027156.html (05.04.2015); Becker, M.: Kalifornien will aus dem Pazifik trinken, www.spiegel.de/wissenschaft/natur/meerwasser-entsalzung-soll-duerre-in-kalifornien-lindern-a-1028165.html (12.04.2015). Nahe Carlsbad entsteht eine solche Anlage für ~1 Mrd. $, die ein Zehntel der Bevölkerung in San Diego County mit Frischwasser versorgen soll; vgl. Schiermeier, Q.: Water on tap, *Nature* 510, 326–328 (2014).

128 Ausführlich dazu Hanak, E. et al.: *Managing California's Water*. Public Policy Institute of California (2011).

129 Wang, S.-Y. S., Yoon, J.-H., Becker, E. et al.: California from drought to deluge, *Nature Climate Change* 7, 465–468 (2017).

130 Glantz, M. H.: Dürre in Afrika. In: Crutzen, P. J. (Hrsg.), *Atmosphäre, Klima, Umwelt*. Spektrum der Wissenschaft (1990), 126–135.

131 Baars, C.: Lebensmittel aus Kenia – Exporte trotz Hungersnot, www.tagesschau.de/ausland/kenia-lebensmittelexporte-101.html (25.11.2014, letzter Zugriff). Auf nochmals andere Weise wurde die von einem starken El Niño ausgelöste ostafrikanische Dürre 2015–17 v. a. in Teilen Kenias anthropogen verstärkt und verlängert – durch Versteppung infolge zu hohen Viehbesatzes; siehe Scheen, T.: Wie sich der Mensch seine eigene Hungersnot macht, www.faz.net/aktuell/gesellschaft/kenia-droht-hungerkatastrophe-wegen-el-ni-0-14890707.html (23.02.2017). In anderen ostafrikanischen Staaten kommen Bürgerkriege, Seuchen und Hungersnöte verschlimmernd hinzu.

132 Zhang, D. D. et al.: The causality analysis of climate change and large-scale human crisis, PNAS 108, 17296–17301 (2011).

133 Eine kritische Reflexion solcher Studien bietet Butzer, K. W.: Collapse, environment and society, PNAS 109, 3632–3639 (2012).

134 Wissenschaftlicher Beirat der Bundesregierung Globale Umweltveränderungen, *Welt im Wandel: Wege zu einem nachhaltigen Umgang mit Süßwasser*. Springer (2007), S. 140. Zum Folgenden vgl. Meybeck, M.: Global analysis of river systems: from Earth system controls to Anthropocene syndromes, *Philosophical Transactions of the Royal Society of London B* 358, 1935–1955 (2003); Sietz, D., Lüdeke, M. K. B. & Walther, C.: Categorisation of typical vulnerability patterns in global drylands, *Global Environmental Change* 21, 431–440 (2011); Srinivasan, V. et al.: The nature and cause of the global water crisis: syndromes from a meta-analysis of coupled human-water studies, *Water Resources Research* 48, W10516 (2012).

135 Die auf Karl Wittfogel zurückgehende Frage, inwieweit Machtgewinn und -erhalt in auf Bewässerungslandwirtschaft fußenden «hydraulischen Gesellschaften» mit der Verfügungskraft über Wasserressourcen verstrickt ist, wird nach wie vor diskutiert, wobei sich kein allgemeingültiges Bild ergibt; Radkau, J.: *Natur und Macht – eine Weltgeschichte der Umwelt*, C.H.Beck (2002), S. 108–114.

136 Insbesondere Linton, J.: *What is Water?* University of British Columbia Press (2010).

137 Vgl. die lesenswerte deutsche Sozialgeschichte des Trinkwassers von Kluge, T. & Schramm, E.: *Wassernöte*. Alano 1986, S. 200; zur breiteren Einordnung Kluge, T.: *Wasser und Gesellschaft*, Leske & Budrich (2000).

138 Siehe z.B. Rahmstorf & Schellnhuber (2012), a.a.O., Kap. 2; IPCC (2013), a.a.O., Kap. 12. Die menschliche Zivilisation hat es also weitgehend in der Hand, ob wir bei +2° oder +5° landen werden.

139 D'Arcy Wood, G.: *Vulkanwinter 1816*, Theiss (2015), S. 55.

140 Lenton, T. M. et al.: Tipping elements in the earth's climate system, PNAS 105, 1786–1793 (2008); Kriegler, E. et al.: Imprecise probability assessment of tipping points in the climate system, PNAS 106, 5041–5046 (2009). Auch auf kleinerer Skala können Änderungen des Klimas und des Wasserkreislaufs Landschaften gänzlich umgestalten (abrupt oder über lange Zeiträume); die Paläohydrologie und die Klimageomorphologie liefern dafür zahlreiche Beispiele aus der Erdgeschichte. Ein aktueller Fall ist die durch Gletscherschmelze binnen Tagen vollzogene «Flusspiraterie» im Yukon-Gebiet in Kanada, die außer einer Umlenkung bzw. Zusammenführung von Flussläufen noch unbestimmte ökologische und soziale Folgen nach sich ziehen dürfte: Shugar, D. H. et al.: River piracy and drainage basin reorganization led by climate-driven glacier retreat, *Nature Geoscience* 10, 370–375 (2017).

141 Meinshausen, M. et al.: Greenhouse gas emission targets for limiting global warming to 2 °C, *Nature* 458, 1158–1162 (2009). Für die notwendigen Schritte hin zu Null-Emissionen siehe Rockström, J. et al.: A roadmap for rapid decarbonization, *Science* 355, 1269–1271 (2017).

142 Le Quéré, C. et al.: Global carbon budget 2016, *Earth System Science Data* 8, 605–649 (2016); Saunois, M. et al.: The growing role of methane in anthropogenic climate change, ERL 11, 120207 (2016).

143 Stand 15.11.2017; Aktualisierungen unter climateactiontracker.org.

144 Zurzeit werden auch Notlösungen des Klima-Engineering wie das Einbringen von Sulfat-Aerosolen in die Atmosphäre zur Abschirmung der Sonneneinstrahlung debattiert. Unter anderem wegen ihrer unkalkulierbaren Risiken für das Gesamtsystem Erde – siehe etwa Woods Analyse der Folgen des Tambora-Ausbruchs, dessen kühlender Effekt ebenfalls auf Sulfat-Aerosole zurückgeht – erschienen

diese in technokratischer Denktradition stehenden Überlegungen aber vielfach als aberwitzig; z. B. Sillmann, J. et al.: Climate emergencies do not justify engineering the climate, *Nature Climate Change* 5, 290–292 (2015).

145 Jacob, D. & Potzun, R.: Global warming below 2 °C relative to pre-industrial level: how might climate look like in Europe? *Nova Acta Leopoldina* NF 112, 71–76 (2010).

146 Liu, S. W. et al.: Temperature dependence of global precipitation extremes, *Geophysical Research Letters* 36, L17702 (2009).

147 IPCC (2013), a. a. O.

148 Prudhomme, C. et al.: Hydrological droughts in the 21st century: hotspots and uncertainties from a global multimodel ensemble experiment, *PNAS* 111, 3262–3267 (2014).

149 Schewe, J. et al.: Multi-model assessment of water scarcity under climate change, *PNAS* 111, 3245–3250 (2014); Gerten, D. et al.: Asynchronous exposure to global warming: freshwater resources and ecosystems, *ERL* 8, 034032 (2013b). Die erstgenannte Studie benutzte 5 Klimamodelle und 11 Wassermodelle, die zweite 19 Klimamodelle und ein Wassermodell. Im Text nenne ich über diese verschiedenen Varianten gemittelte Ergebnisse.

150 Nach Gerten et al. (2013b), a. a. O.; gezeigt ist die mittlere Veränderung basierend auf 19 Klimaprojektionen.

151 Kaser, G., Großhauser, M. & Marzeion, B.: Contribution potential of glaciers to water availability in different climate regimes, *PNAS* 107, 20223–20227 (2010); Lutz, A. F. et al.: Consistent increase in High Asia's runoff due to increasing glacier melt and precipitation, *Nature Climate Change* 4, 587–592 (2014); Ragettli, S., Immerzeel, W. W. & Pellicciotti, F.: Contrasting climate change impact on river flows from high-altitude catchments in the Himalayan and Andes Mountains, *PNAS* 113, 9222–9227 (2016).

152 Konzmann, M., Gerten, D., Heinke, J.: Climate impacts on global irrigation requirements under 19 GCMs, simulated with a vegetation and hydrology model, *Hydrological Sciences Journal* 58, 1–18 (2013); Wada, Y. et al.: Multi-model projections and uncertainties of irrigation water demand under climate change, *Geophysical Research Letters* 40, 4626–4632 (2013).

153 Donohue, R. J., et al.: Impact of CO_2 fertilization on maximum foliage cover across the globe's warm, arid environments, *Geophysical Research Letters* 40, 3031–3035 (2013).

154 Piao, S. et al.: Changes in climate and land use have a larger direct impact than rising CO_2 on global river runoff trends, PNAS 104, 15 242–15 247 (2007).

155 Long, S. P. et al.: Food for thought: lower-than-expected crop yield stimulation with rising CO_2 concentrations, *Science* 312, 1918–1921 (2006).

156 Deryng, D. et al.: Global crop yield response to extreme heat stress under multiple climate change futures, ERL 9, 034011 (2014); Myers, S. S. et al.: Increasing CO_2 threatens human nutrition, *Nature* 510, 139–142 (2014); Obermeier, W. A. et al.: Reduced CO_2 fertilization effect in temperate C3 grasslands under more extreme weather conditions, *Nature Climate Change* 7, 137–141 (2017).

157 Gerten et al. (2011), a. a. O.

158 Elliott, J. et al.: Constraints and potentials of future irrigation water availability on agricultural production under climate change, PNAS 111, 3239–3244 (2014).

159 Searchinger, T. et al.: *Creating a Sustainable Food Future: Interim Findings.* World Resources Institute (2013); Aktualisierungen und spezifischere Berichte unter www.wri.org/our-work/project/world-resources-report/publications.

160 Die diesen Umbau stützende Literatur zur «nachhaltigen Intensivierung» und zum «Ökolandbau» füllt Bände und kann hier nicht im Ansatz wiedergegeben werden; siehe aber z. B. Evans, L. T.: *Feeding the Ten Billion*, Cambridge University Press (1998); IAASTD: *International Assessment of Agricultural Science and Technology for Development.* Island Press (2008); zu Löwenstein, F.: *Food Crash.* Pattloch (2011).

161 Siehe insbesondere Falkenmark, M. & Lannerstad, M.: Food security in water-short countries – coping with carrying capacity overshoot. In: Martínez-Cortina, L. et al. (Hrsg.), *Rethinking Water and Food Security.* Taylor & Francis (2010), 3–22.

162 Ebd., darin Abbildung 5 und Tabelle 4.

163 Solomon (2010), a. a. O., S. 368.

164 Mill, P. C. D. et al.: Stationarity is dead: whither water management? *Science* 319, 573–574 (2008).

165 Gober, P.: Getting outside the water box: the need for new approaches to water planning and policy, *Water Resources Management* 27, 955–957 (2013).

166 Gleick, P. H.: The changing water paradigm – a look at twenty-first century water resources development, *Water International* 25, 127–138 (2000).

167 Postel, S.: *Die letzte Oase – Der Kampf um das Wasser.* Fischer (1993).

168 Zu Wasserpreisen und Wasserrechten nur so viel: Während kostendeckende Preissteigerungen für Wasser in vielen ärmeren Ländern unangemessen und politisch kaum durchsetzbar wären, sind handelbare Nutzungsrechte ein interessantes neues Instrument zu einer angemessenen Bewertung von Wasserressourcen – vgl. Burdack, D., Biewald, A., Lotze-Campen, H.: Cap-and-trade of water rights, GAIA 23/4, 318–326 (2014).

169 Gleick (2003), a. a. O.

170 Falkenmark et al. (1989), a. a. O. Hervorhebung im Original.

171 Global Water System Project: *The Bonn Declaration on Global Water Security* (2013), www.gwsp.org/products/archive/bonn-water-declaration.html.

172 Einen hervorragenden Einblick in die aktuellen Diskussionen zum Privatisierungstrend und zur Rolle verschiedener Akteure im (globalen) wasserpolitischen Geschehen gibt Dobner, P.: *Wasserpolitik*, Suhrkamp (2010); zu den Dublin-Prinzipien insbesondere S. 99 ff., 168 ff.

173 Barlow, M., a. a. O. (2014), S. 79. Stark politisierte Positionen finden sich bei Barlow, M. & Clarke, T.: *Blaues Gold.* Kunstmann (2003); oder bei Shiva, V.: *Der Kampf um das Blaue Gold.* Rotpunktverlag (2003).

174 Palmer, M. A. et al.: Manage water in a green way, *Science* 349, 584–585 (2015).

175 Für eine Übersicht über die Problematik siehe Schumann, A.: IWRM 2010 – neue Anforderungen an die Hydrologie? *Hydrologie und Wasserbewirtschaftung* 54, 105–115 (2010). Wer daran interessiert ist, wie die integrierte Forschung und Praxis in Deutschland abläuft, mag zu folgenden Publikationen greifen: Wuppertal Institut (Hrsg.): *Emscher 3.0.* Verlag Kettler (2013); sowie Wechsung, F. et al. (Hrsg.): *Die Elbe im Globalen Wandel.* Weißensee Verlag (2014).

176 Dazu ausführlich Rockström, J. et al. (2014), a. a. O.

177 Wissenschaftlicher Beirat der Bundesregierung Globale Umweltveränderungen: *Welt im Wandel – Gesellschaftsvertrag für eine Große Transformation.* WBGU (2011).

178 Dobner (2010), a. a. O., S. 209, 346; Gupta, J., Pahl-Wostl, C. & Zondervan, R.: ‹Glocal› water governance: a multi-level challenge in the anthropocene, *Current Opinion in Environmental Sustainability* 5, 573–580 (2013); Vörösmarty, C. J. et al.: Fresh water goes global, *Science* 349, 478–479 (2015).

179 Ich folge hier den Ausführungen von Pahl-Wostl, C. et al.: Maturing the new water management paradigm: progressing from aspiration to practice, *Water Resources Management* 25, 837–856 (2011).

180 Siehe die Datenbank des Pacific Institute, Oakland, www2.worldwater.org/conflict/list.

181 Fröhlich, C.: Wasser: Konfliktstoff oder Kooperationsgrund? In: Schneckener, U. et al. (Hrsg.), *Wettstreit um Ressourcen.* oekom (2014), 181–207, Zitat S. 183. Im Ganzen ist aber der empirische Zusammenhang zwischen Ressourcenmangel und Gewaltkonflikten schwach, jeder Fall ist anders gelagert; Brzoska, M.: Ressourcen als Konfliktursache, im selben Band, S. 31–45.

182 Tvedt (2013), a. a. O., S. 118.

183 Gleick, P. H.: Water, drought, climate change, and conflict in Syria, *Weather, Climate, and Society* 6, 331–340 (2014); Kelley, C. P. et al.: Climate change in the Fertile Crescent and implications of the recent Syrian drought, PNAS 1112, 3241–3246 (2015); Cook, I. B. et al.: Spatiotemporal drought variability in the Mediterranean over the last 900 years, *Journal of Geophysical Research – Atmospheres* 121, 2060–2074 (2016); Flohr, P. et al.: Late Holocene droughts in the Fertile Crescent recorded in a speleothem from northern Iraq, *Geophysical Research Letters* 44, 1528–1536 (2017). Als ganz unmittelbare Kriegsfolge waren im August 2016 nach UN-Angaben allein in Aleppo 2 Mio. Menschen ohne Trinkwasserversorgung, und im Dezember desselben Jahres wurde ein für die Wasserversorgung von Damaskus wichtiges Wasserwerk gezielt zerstört. Als Ironie der Geschichte hat die verbreitete Aufgabe der Bewässerung in Syrien für einem Zugewinn an Wasser im Nachbarland Jordanien gesorgt, vgl. Müller, M. F. et al.: Impact of the Syrian refugee crisis on land use and transboundary freshwater resources, PNAS 113, 14932–14937 (2016).

184 Gebhardt, H. & Nüsser, M.: Über den Jordan – Krieg ums Wasser, *Ruperto Carola* 4/2014, 16–23 (2014).

185 Nett, K. & Rüttinger, L.: *Insurgency, Terrorism and Organised Crime in a Warming Climate.* adelphi (2016).

186 Pohl, B. et al.: *The Rise of Hydro-Diplomacy*. adelphi (2014).

187 Siehe Zeitoun, M. & Warner, J.: Hydro-hegemony – a framework for analysis of trans-boundary water conflicts, *Water Policy* 8, 435–460 (2006).

188 Schönlebe, D. (im Interview mit Wolf, T. A.): Pipelines statt Panzer, *Fluter* 23, 34–35 (2007).

189 Tvedt (2013), a. a. O., S. 115–155. Siehe auch Dinar, S.: Complex river boundaries at risk, *Nature Climate Change* 4, 955–956 (2014). Es gibt auch zunehmend statistische Evidenz, dass Dürren und Klimawandel zu mehr Konflikten führen, wenngleich die gesellschaftlichen Umstände entscheidend und die Mechanismen im Einzelfall kompliziert sind – z. B. von Uexkull, N. et al.: Civil conflict sensitivity to growing-season drought, PNAS 113, 12 391–12 396 (2016).

190 Zum Frieden stiftenden Potential des Wassers generell vgl. Link, P. M. et al.: Conflict and cooperation in the water-security nexus: a global comparative analysis of river basins under climate change, WIREs *Water* 3, 495–515 (2016).

191 Van Emmerik, T. H. M. et al.: Socio-hydrologic modeling to understand and mediate the competition for water between agriculture development and environmental health: Murrumbidgee River basin, Australia, HESS 18, 4239–4259 (2014).

192 Alexandratos & Bruinsma (2012), a. a. O.; Siebert & Döll (2011), a. a. O. Die FAO rechnet ferner mit einem Anstieg der gesamten (inklusive der nicht bewässerten) Ackerfläche um 70 Mio. ha, der sich aus deutlichen Ausweitungen v. a. in Afrika/Lateinamerika und weiteren Verkleinerungen v. a. in Industrieländern zusammensetzt. Die Schätzungen variieren jedoch stark zwischen verschiedenen Studien.

193 Hejazi, M. I. et al.: 21st century United States emissions mitigation could increase water stress more than the climate change it is mitigating, PNAS 112, 10 635–10 640 (2015); Boysen, L. R. et al.: The limits to global-warming mitigation by terrestrial carbon removal. *Earth's Future* 5, 463–475 (2017).

194 Jägermeyr et al. (2015), a. a. O.

195 Inzwischen werden auch SMS-gestützte Beratungsdienste erprobt, die auf der Grundlage von Satellitendaten in Echtzeit darüber Auskunft geben, wann sich eine Bewässerung empfiehlt, und wo das Bewässerungssystem ineffizient ist – wodurch erhebliche Ertragsgewinne erreichbar sind (Beispiel Sudan: IWMI News 17.09.2015, www.iwmi.cgiar.org/2015/09/tending-fields-by-text).

196 Zu all dem ausführlich Faurès, J.-M. et al.: Reinventing irrigation. In: Molden, D. (Hrsg.), *Water for Food, Water for Life*. IWMI & Earthscan (2007), S. 353–394. Vgl. auch Bauhardt, C.: Wasser als Genderfrage, *Blätter für deutsche und internationale Politik* 7, 784–787 (2007). Zu spezifischen Perspektiven von Frauen in verschiedenen Kulturkreisen und deren notwendigem *Empowerment* siehe Kevany et al.: Water, women, waste, wisdom and wealth – harvesting the confluences and opportunities, *Journal of Cleaner Production* 60, 4–10 (2013).

197 Scheffran, J., Marmer, E. & Sow, P.: Migration as a contribution to resilience and innovation in climate adaptation: social networks and co-development in Northwest Africa, *Applied Geography* 33, 119–127 (2012). Navarro-Navarro, L. A., Moreno-Vazquez, J. L. & Scott, C. A.: Social networks for management of water scarcity: evidence from the San Miguel watershed, Sonora, Mexico, *Water Alternatives* 10, 41–64 (2017). Siehe auch die brasilianische Initiative zur Errichtung von 1 Mio. neuer Zisternen und die dadurch erwarteten vielfältigen Vorteile, www.seed.uno/awards/all/one-million-rural-cisterns.html.

198 Beeindruckend zum Beispiel die variantenreiche Liste der in Indien im Verlauf der letzten 6500 Jahre entwickelten Wassersammelanlagen, deren Errichtung zum Teil mit Klimavariationen und Dürren in Zusammenhang gebracht werden kann – Pandey, D. N., Gupta, A. K., Anderson, D. M.: Rainwater harvesting as an adaptation to climate change, *Current Science* 85, 46–59 (2003).

199 Oweis, T. & Hachum A.: Water harvesting for improved rainfed agriculture in the dry environments. In: Wani, S. P., Rockström, J. & Oweis, T.: *Rainfed Agriculture*. CAB International (2009), 164–181; Vohland, K. & Barry, B.: A review of *in situ* rainwater harvesting (RWH) practices modifying landscape functions in African drylands, *Agriculture, Ecosystems and Environment* 131, 119–127 (2009); Dile, Y. T. et al.: The role of water harvesting to achieve sustainable agricultural intensification and resilience against water related shocks in sub-Saharan Africa, *Agriculture, Ecosystems and Environment* 181, 69–79 (2013).

200 Madani, K.: Reasons behind Failure of Qanats in the 20th Century. *Proc. World Environmental and Water Resources Congress*, Honolulu (2008). Neueste umfassende Dokumentation: Semsar Yazdi, A. A. & Labbaf Khaneiki, M.: *Qanat Knowledge*. Springer (2017).

201 Vince, G.: Out of the mist, *Science* 330, 750–751 (2010); Pearce et al. (2007), a.a.O., Teil 8 & 9. In Wüsten ohne jeglichen Niederschlag können übrigens tief wurzelnde Pflanzen Tau und Nebel schaffen, und zwar durch Heraufholen von Grundwasser – Kaseke, K.F., Wang, L. & Seely, M.K.: Nonrainfall water origins and formation mechanisms, *Science Advances* 3, e1603131 (2017).

202 Viele solcher Beispiele finden sich in Hoff, H.: *Understanding the Nexus. Background Paper for the Bonn 2011 Conference: The Water, Energy and Food Security Nexus.* Stockholm Environment Institute (2011). Für eine generelle Übersicht über die vielen Lösungsoptionen siehe auch Jones, J.A.A.: *Water Sustainability.* Hodder Education (2010).

203 Wani, S.P. et al.: Rainfed agriculture – past trends and future prospects. In: Wani, S.P. et al. (2009), a.a.O., 1–35; Sposito, G.: Green water and global food security, *Vadose Zone Journal* 12(4), doi:10.2136/vzj2013.02.0041 (2013).

204 Zum Beispiel braucht in Savannen angebautes Getreide statt 1800 l/kg nur noch 1200 l/kg, wenn eine Ertragsverdopplung von 1,5–2 t/ha auf 3,5–4 t/ha erreicht wird; doch ist zu bedenken, dass bei einem solchen Anstieg des Ertrags *absolut* etwas mehr Wasser verbraucht wird – siehe Rockström, J., Lannerstad, M. & Falkenmark, M.: Assessing the water challenge of a new green revolution in developing countries. PNAS 104, 6253–6260 (2007).

205 Chen, X. et al.: Producing more grain with lower environmental costs, *Nature* 514, 486–489 (2014).

206 Drewry, D.T., Kumar, P. & Long, S.P.: Simultaneous improvement in productivity, water use, and albedo through crop structural modification, *Global Change Biology* 20, 1955–1967 (2014); sowie etwa Liang, C.: Genetically modified crops with drought tolerance: achievements, challenges, and perspectives. In: Hossain, M.A. et al. (Hrsg.), *Drought Stress Tolerance in Plants, Vol. 2.* Springer (2016), 531–547.

207 Liu, E.K., He, W.Q. & Yan, C.R.: ‹White revolution› to ‹white pollution› – agricultural plastic film mulch in China, ERL 9, 091001 (2014).

208 Rockström, J. & Karlberg, L.: The quadruple squeeze: defining the safe operating space for freshwater use to achieve a triply green revolution in the Anthropocene, *Ambio* 39, 257–265 (2010); Rockström, J. & Falkenmark, M.: Increase water harvesting in Africa, *Nature*

519, 283–285 (2015); Tockner, K. et al.: A global view on future Major Water Engineering Projects. In: Hüttl, R. F.: et al. (Hrsg.), *Society – Water – Technology*. Springer (2017), 47–64.

209 Zunächst Rost, S. et al.: Global potential to increase crop production through water management in rainfed agriculture, ERL 4, 044002 (2009); im Folgenden beziehe ich mich auf die aktuellere Studie von Jägermeyr et al.: Integrated crop water management might sustainably halve the global food gap, ERL 11, 025002 (2016).

210 Ebd.

211 Jägermeyr et al. (2017), a. a. O.

212 Mauser, W.: *Wie lange reicht die Ressource Wasser?* Fischer (2007), S. 224.

213 Weber, A.: *Biokapital*. Berliner Taschenbuch Verlag (2010), S. 77.

214 Fader et al. (2013), a. a. O.; Satoh, Y. et al.: Multi-model and multi-scenario assessments of Asian water futures: the Water Futures and Solutions (WFaS) initiative, *Earth's Future*, 5, 823–852 (2017).

215 Bonhommeau, S. et al.: Eating up the world's food web and the human tropic level, PNAS 110, 20617–20620 (2013).

216 Porkka, M. et al.: From food insufficiency towards trade dependency: a historical analysis of global food availability, PLoS ONE 8, e82714 (2013).

217 Wer auf wassersparende Weise Proteine aufnehmen möchte, ist übrigens mit Insekten besonders gut beraten, die in einigen Ländern schon einen gewissen Teil der Ernährung ausmachen – siehe Miglietta, P. P. et al.: Mealworms for food: a water footprint perspective, *Water* 7, 6190–6203 (2015). Auch die Proteinzufuhr durch Fisch spart derzeit global 5 % Wasser ein, in einigen Ländern bis zu 50 % – Gephart, J. A., Pace, M. L. & d'Odorico, P.: Freshwater savings from marine protein consumption, ERL 9, 014005 (2014).

218 von Koerber, K. et al.: Globale Nahrungssicherung für eine wachsende Weltbevölkerung – Flächenbedarf und Klimarelevanz sich wandelnder Ernährungsgewohnheiten, *Journal für Verbraucherschutz & Lebensmittelsicherheit* 4, 174–189 (2009); Stehfest, E.: Food choices for health and planet, *Nature* 515, 501–502 (2014); Vanham, D. et al.: Water consumption related to different diets in Mediterranean cities, *Science of the Total Environment* 573, 96–105 (2016).

219 Hoekstra, A. Y.: *The Water Footprint of Modern Consumer Society*. Earthscan (2013), S. 156.

220 Liu, J. et al.: Food losses and waste in China and their implication for water and land, *Environmental Science & Technology* 47, 10137–10144 (2013); Jalava, M. et al.: Diet change and food loss reduction: what is their combined impact on global water use and scarcity? *Earth's Future* 4, 62–78 (2016). Für eine globale Bestandsaufnahme der Mehrfachwassernutzung nicht nur in der Landwirtschaft siehe United Nations World Water Assessment Programme: *The United Nations World Water Development Report 2017 – Wastewater: the Untapped Resource.* UNESCO (2017).

221 Schmitz, C. et al.: Blue water scarcity and the economic impacts of future agricultural trade and demand, *Water Resources Research* 49, 3601–3617 (2013); Liu, J. et al.: International trade buffers the impact of future irrigation shortfalls, *Global Environmental Change* 29, 22–32 (2014); Orlowsky, B. et al.: Today's virtual water consumption and trade under future water scarcity, ERL 9, 074007 (2014).

222 Falkenmark & Lannerstad (2010), a. a. O.

223 Dobner (2010), a. a. O., S. 73.

224 Die wasserpolitische Relevanz des virtuellen Wasserhandels ist in der Literatur recht umstritten, vgl. u. a. Biewald, A.: Give virtual water a chance!, GAIA 20/3, 168–170 (2011); Wichelns, D.: Volumetric water footprints, applied in a global context, do not provide insight regarding water scarcity or water quality degradation, *Ecological Indicators* 74, 420–426 (2017).

225 Worster, D.: *Rivers of Empire.* Oxford University Press (1992), S. 331 f. Die aktuelle retrograde US-amerikanische Umweltpolitik unter Donald Trump könnte indes nicht weiter von einem solchen Umdenken entfernt sein – obwohl wasserpolitisch so vieles anstünde: Gleick, P.: Water strategies for the next administration, *Science* 354, 555–556 (2016).

226 Eine andere, tragische Seite dieser Medaille ist das ausbleibende bzw. ungerechte Dürremanagement einstiger Kolonialherren mit verheerenden Konsequenzen für die lokalen Bevölkerungen; s. Davis, M.: *Late Victorian Holocausts.* Verso (2002).

227 Es wäre genauer zu untersuchen, inwieweit dieser Paradigmenwandel wieder vom «Westen» ausgeht bzw. eine westliche Idee ist, diesmal indes als eine Form der (auch die europäische Außenpolitik kennzeichnenden) *soft power.*

228 Böhme (1988), a. a. O., S. 15. Insofern sitzen wir noch der irrtümlichen, streng rationalistischen Meinung des 19. Jahrhunderts auf,

wonach der Mensch erst durch die moderne Technik seine Reife erlangt habe; vgl. etwa Culiano, I. P.: *Eros und Magie in der Renaissance*. Insel (2001).

229 Siehe Woschitz, K. M.: *Fons Vitae – Lebensquell*. Herder (2003).

230 Oestigaard, T.: *Water, Christianity and the Rise of Capitalism*. I. B. Tauris (2013). Interessant ist in diesem Zusammenhang auch die damals immer noch praktizierte (sehr viel älteren Rechtsprechungen entsprungene) Wasserprobe als Gottesurteil in Hexenprozessen.

231 Gerten, D.: Hydrolatry in early European religions and Christian syncretism: how water transcends religions and epochs. In: Tvedt, T. & Oestigaard, T. (Hrsg.), *Ideas of Water from Ancient Societies to the Modern World*. I. B. Tauris (2010), 323–342.

232 Vgl. Chamberlain, G. L.: *Troubled Waters*. Rowman & Littlefield (2007). Ein schön aufgearbeitetes Beispiel – religiös inspirierte, über ganze Flusseinzugsgebiete integrierende Wasserbewirtschaftung im vorspanischen Peru, die auch heute noch relevant ist – findet sich in Carlson, U. & Diestel, H.: *Erde, Wasser, Mensch und Götter*. Freilicht- und Erlebnismuseum Ostfalen (2015).

233 Papst Franziskus, *Laudato Si!*. Herder (2015), § 27–31. Schon kurz zuvor (zum Weltwassertag, wie jedes Jahr am 22. März) hatte der Papst die Weltgemeinschaft gesondert dazu aufgerufen, das Wasser als wichtigstes Lebenselement, von dem die Zukunft der Menschheit abhänge, besser zu schützen. Das Thema wurde 2017 in einem Workshop im Vatikan vertieft, www.casinapioiv.va/content/accademia/en/events/2017/water/final_statement.html.

234 Chenoweth, J. et al.: Household water security and the human right to water and sanitation. In: Lankford, B. et al. (Hrsg.), *Water Security*. Earthscan (2013), 307–317; Eid, U. & Kranz, N.: Wasser: Menschenrecht, Ressource, Konfliktstoff? In: Schneckener et al. (2014), a. a. O., 139–156. Ausführlich zur Umsetzung: Singh, N. (Hrsg.): *The Human Right to Water*. Springer (2016). Im Übrigen beschreibt Maude Barlow (2014, a. a. O.) den schweren Kampf von Einzelpersonen mit sozialem Gewissen, dieses Menschenrecht als UN-Resolution durchzusetzen.

235 Nach de Châtel, F.: Baptism in the Jordan River: immersing in a contested transboundary watercourse, WIRE*s Water* 1, 219–227 (2014).

236 Für weitere Beispiele – und die unterschiedlichen Bedeutungen von Wasser in verschiedenen Kulturen überhaupt – siehe etwa Johnston, B. R. (Hrsg.): *Water, Cultural Diversity, and Global Environmental*

Change – Emerging Trends, Sustainable Futures? UNESCO & Springer (2012). Mit indigenen Perspektiven auf Wasser und damit verbundenen Problemen im Konflikt mit anderen Sichtweisen beschäftigen sich Boelens, R. et al. (Hrsg.): *Water and Indigenous Peoples.* UNESCO (2006).

237 Lanz et al. (2006), a. a. O., S. 391. Das System wurde zuvor beschrieben von Geertz, C.: The wet and the dry: traditional irrigation in Bali and Morocco, *Human Ecology* 1, 23–39 (1972).

238 Tatsächlich könnte man den Wasserkulten eine anthropozentrische Motivation unterstellen, da sie vielfach der Beschwichtigung der Wassergottheiten zur Abwehr von Gefahren dienen. Darüber hinaus sind der neuzeitliche ökologische Gedanke und die kartesianische Trennung von Mensch und Natur solchen Kulturen fremd.

239 Abgedruckt in Boelens et al. (2006), a. a. O., S. 175–179.

240 Vgl. Johnston, B. R. & Fiske, S. J.: The precarious state of the hydrosphere: why biocultural health matters, WIRE*s Water* 1, 1–9 (2014).

241 Flasch, K.: *Warum ich kein Christ bin.* C.H.Beck (2013), S. 168 f.

242 Groenfeldt, D.: *Water Ethics.* Routledge (2013), S. 136 f. Über Wasserfragen hinausgehend plädiert auch Prince Charles dafür – in einer Art Traditionalismus, der an verschiedenen Religionen und früheren Kulturen geschult ist –, dass eine wohlüberlegte Aufhebung der kartesianischen Entkopplung von Mensch und Natur zur Bekämpfung der weltweiten Umwelt- und sozialen Probleme notwendig sei; vgl. sein Buch *Harmonie: Eine neue Sicht unserer Welt.* Riemann (2010). Wie schwierig die Formulierung und Umsetzung solcher Naturethiken selbst für das Reich uns nahestehender Tiere ist, zeigt Sezgin, H.: *Artgerecht ist nur die Freiheit.* C.H.Beck (2014).

243 Falter, R.: Flüsse in der Wahrnehmung der Europäischen Antike, *Wasser & Boden* 51/6, 53–58 (1999); Groenfeldt, D.: Developing a global Water Ethics Charter. In: Ziegler, R. & Groenfeldt, D. (Hrsg.), *Global Water Ethics.* Earthscan (2017), 255–266; darin auch Härlin, D.: The Berlin Water Charter (S. 267–279). Zu Problemen bei der Umsetzung solcher ökozentrischer Sichten in der Praxis vgl. Kerschbaumer, L. & Ott, K.: Maintaining a river's healthy life? An inquiry on water ethics and water praxis in the upstream region of China's Yellow River, *Water Alternatives* 6, 107–124 (2013).

244 Etwa zeitgleich haben auch andere Autoren begonnen, anhand von Fallbeispielen vor allem aus den USA das ökonomische Leitbild des

vorherrschenden Wassermanagements mit ethischen Argumenten zu kritisieren; siehe insbesondere Feldman, D. L.: *Water Resources Management*. Johns Hopkins Press (1991).

245 Postel (1993), a. a. O., S. 155 f.

246 Siehe etwa Sorrell, S.: Jevons' Paradox revisited: the evidence for backfire from improved energy efficiency, *Energy Policy* 37, 1456–1469 (2009) und Santarius, T.: Der Rebound-Effekt: ein blinder Fleck der sozial-ökologischen Gesellschaftstransformation, GAIA 23/2, 109–117 (2014).

247 Pfeiffer, L. & Lin, C.-Y. C.: Does efficient irrigation technology lead to reduced groundwater extraction? Empirical evidence, *Journal of Environmental Economics and Management* 67, 189–208 (2014). Siehe ferner Ward, F. A. & Manuel Pulido-Velazquez, M.: Water conservation in irrigation can increase water use, PNAS 105, 18215–18220 (2008).

248 Liu, J. et al.: *Water Ethics and Water Resource Management*. UNESCO (2011), S. 41 ff.

249 Ziegler, R. & Kerschbaumer, L.: *Wasserethik – eine Übersicht*. Greifswald Environmental Ethics Papers 3. Universität Greifswald (2012).

250 Armstrong, A.: Ethical issues in water use and sustainability, *Area* 38, 9–15 (2006).

251 Beispiele dafür sind der Ruf nach einer «Versöhnung mit dem Fluss» des European Rivers Network (www.ern.org) und die lokale Initiative namens Flussbad Berlin (www.flussbad-berlin.de). Gerade in Großstädten muss man sich manchmal regelrecht mühen, um verbaute oder in den Untergrund verdrängte Fließ- und Stehgewässer zu entdecken oder an sie heranzugelangen.

252 Weber (2010), a. a. O., S. 199.

253 Ripl, W.: Water: the bloodstream of the biosphere, *Philosophical Transactions of the Royal Society B*, 358, 1921–1934 (2003).

254 Folke, C. et al.: Reconnecting to the biosphere, *Ambio* 40, 719–738 (2011).

255 Kulturhistorisch interessant ist z.B. das Motiv des Wassers in Science-Fiction-Romanen: Herrschten im 19. Jhdt. Szenarien der Beherrschung und Besiedlung des (bedrohlichen) Wasserraumes vor, hat angesichts der Begrenztheit menschlicher Kontrolle und des Klimawandels mittlerweile auch in dieser Literatur der Technikoptimismus eine Ernüchterung erfahren; siehe Lindner, O.: Flutwellen und Ozeanstädte – Wasser in der britischen Science-Fiction-Literatur. In:

Schenkel, E. & Lembert, A. (Hrsg.), *Alles fließt*. Peter Lang (2008), 165–181.

256 Linton (2011), a. a. O., S. 106.

257 Montanari, A. et al.: «Panta Rhei – Everything Flows»: Change in hydrology and society – the IAHS Scientific Decade 2013–2022. *Hydrological Sciences Journal* 58, 1256–1275 (2013).

258 Gombrich, E. H.: *Die Geschichte der Kunst.* 16. Aufl., Fischer (1996), S. 356 ff.

259 Vgl. Gleick & Palaniappan (2010), a. a. O. Das zuweilen wegen seiner nicht ganz stimmigen Analogie zum «Peak Oil» kritisierte Konzept orientiert sich daran, ob die Kosten einer zusätzlichen Wasserentnahme den damit erzielbaren Ertrag übersteigen – der Einfachheit halber vernachlässige ich diese Details hier.

260 Sieferle, R. P. et al.: *Das Ende der Fläche.* Böhlau (2006).

261 Vgl. zum aktuellen Stand Edenhofer, O. & Jakob, M.: *Klimapolitik.* C.H.Beck (2017).

262 Heistermann, M.: A planetary boundary on freshwater use is misleading, HESS 21, 3455–3461 (2017).

263 Fang, K., Heijungs, R., de Snoo, G. R.: Understanding the complementary linkages between environmental footprints and planetary boundaries in a footprint–boundary environmental sustainability assessment framework, *Ecological Economics* 114, 218–226 (2015).

264 Vgl. dazu die von einigen Personen unterzeichnete und kommentierte «Santa Cruz Declaration on the Global Water Crisis», *Water International* 39, 246–261 (2014).

265 Famiglietti (2014), a. a. O.

266 Vgl. Welzer, H.: *Selbst Denken.* S. Fischer (2013). Der in dem Buch verfolgte Grundgedanke der «Vorerinnerung» zukünftiger Welten im Sinne von Edmund Husserl inspirierte zu den folgenden Bemerkungen.

267 Mayerhofer, B.: Ein Menschenrecht auf Wasser. In: Mayer-Tasch, P. C. (Hrsg.), *Welt ohne Wasser.* Campus (2009), 185–208, beachte v. a. S. 186 f.

268 Dobner (2010), a. a. O., S. 36.

269 Tom Koenigs, Vorwort zur deutschsprachigen Ausgabe. In: Postel (1993), a. a. O., S. XVII.

270 So auch die grundsätzliche Argumentation in Rockström, J. & Klum, M.: *The Human Quest.* Langenskiöld (2012), insbesondere S. 266.

271 Dazu ausführlich am Beispiel der Klimaproblematik bei Klein, N.: *Die Entscheidung – Kapitalismus vs. Klima*. Fischer (2015).

272 Solomon (2010), a. a. O., S. 228.

273 Zhang et al. (2011), a. a. O.

274 Dermody, B. J. et al.: A virtual water network of the Roman world, HESS 18, 5025–5040 (2014). Analog dazu hat natürlich auch die Grüne Revolution ein starkes Bevölkerungswachstum ermöglicht, was wiederum mit erhöhter Nachfrage nach Nahrungsmitteln und Wasser einherging.

275 Geertz (1972), a. a. O., S. 38. Ähnliche Gedanken – die nicht mit einem Umweltdeterminismus gleichzustellen sind – stellt auch J. Diamond an: *Kollaps*. Fischer (2005).

276 Tamea, S., Laio, F. & Ridolfi, L.: Global effects of local food-production crises: a virtual water perspective, *Scientific Reports* 6, 18 803 (2016).

277 Heckbert, S.: MayaSim: an agent-based model of the ancient Maya social-ecological system, *Journal of Artificial Societies and Social Simulation* 16(4), 11 (2013).

278 Gerst, M. D., Raskin, P. D. & Rockström, J.: Contours of a resilient global future, *Sustainability* 6, 123–135 (2014).

279 K. Wiegandt in seinem Vorwort zu Mauser (2007), a. a. O., S. 15.

Erik Orsenna DIE
ZUKUNFT DES
WASSERS
Eine Reise um unsere Welt

C.H.Beck

319 Seiten mit 9 Karten. Gebunden
ISBN 978-3-406-59898-2

»Am Anfang aller Humanität steht das Wasser. Am Anfang
aller Würde, aller Gesundheit, aller Bildung, aller
Entwicklung.« Aber werden wir in Zukunft genug Wasser
haben? Zwei Jahre lang hat Erik Orsenna den Planeten
entlang seiner Flüsse, Seen und Meere bereist. Er hat die
Ärmsten der Armen wie auch die Reichen und Mächtigen
aufgesucht, um zu verstehen, wieso unsere wichtigste
Ressource so ungleich verteilt ist. Überall ist er auf Helden
und Heldinnen im Kampf für das Wasser getroffen, aber
ebenso auf politische Kurzsichtigkeit, Trägheit und die Gefahr
von Kriegen. Sein literarisch glänzender Bericht erschließt
uns das Universum des Wassers mit seinen Gefahren, aber
auch seinen überwältigenden Schönheiten.

VERLAG C.H.BECK